島田裕巳

日本の10大カルト

GS

幻冬舎新書

724

はじめに

30年ぶりに注目を集めた旧統一教会

「カルト」に改めて注目が集まっている。

きっかけは２０２２年７月８日に起こった安倍《あべ》晋三《しんぞう》元首相の狙撃《そげき》事件だった。容疑者の母親は旧統一教会《きゅうとういつきょうかい》（現在の世界平和《せかいへいわ》統一《とういつ》家庭連合《かていれんごう》）の信者で、１億円を超える多額の献金を行ってきた。それによって容疑者の家庭は経済的な苦境に立たされ、そこから容疑者は教団に怨《うら》みを抱くようになった。最初、教団の幹部を狙ったものの、それが果たされず、教団の関連団体にビデオメッセージを寄せた安倍元首相にターゲットを変えたというのである。

ただ、今の時点で裁判ははじまっておらず、警察による発表やメディアによる関係者への取材が中心なので、裁判で容疑者がどのようなことを語るかは不明である。

狙撃事件が勃発《ぼっぱつ》した当初の段階では、安倍元首相と旧統一教会との関連、あるいは自由《じゆう》民主党《みんしゅとう》の議員と教団との関係についてさかんに報道された。旧統一教会のことは1992年から1993年にかけて、合同結婚式（教団はそれを祝福《しゅくふく》と呼ぶ）の問題を中心に報道されたことがあった。その際には、旧統一教会が行ってきた霊感《れいかん》商法や、信者の勧誘に用いられるマインド・コントロールの問題が大きく取り上げられた。

その時代に、自民党議員と教団との関係がクローズアップされなかったのは、1993年7月に、非自民・非共産連立政権が誕生し、自民党が政権の座を下りたからである。今回は高額献金や、親から信仰を受け継いだ、あるいは強制された宗教二世《しゅうきょうにせい》の問題にも強い関心が寄せられた。

カルトという言葉がなかった頃

では、旧統一教会はカルトなのだろうか。

それを考えるためには、カルトとは何かの定義が必要になる。辞書を引いてみると、英語では「cult」であり、その意味としては「崇拝《すうはい》。特に、狂信的な崇拝」があげられ、「カルト集団」という用法があげられている。あるいは、「少数の人々の熱狂的支持」の意味もあるとされ、その具体例としてカルト映画があげられている（『広辞苑』第5版）。

問題は、カルトと宗教、あるいはカルトと新宗教の間に線引きができるのかどうかである。この線引きの問題については、本書の序章で論じることにするが、2007年11月に、同じ幻冬舎新書から『日本の10大新宗教』を刊行した際には、カルトと目されるような新宗教については取り上げない方針で臨んだ。

しかし、大正時代と昭和前期の時代に厳しい弾圧《だんあつ》を受けた大本《おおもと》の場合、『日本の10大新宗教』では一章をさいたが、弾圧当時には、警察当局からもメディアからも邪教《じゃきょう》として扱われた。その時代にはカルトということばがなかったが、もしあれば、大本はカルトと呼ばれたに違いない。

旧統一教会については、文部科学省によって解散命令請求が行われ、解散命令を出すかどうかは司法の場に委ねられた。大本の事件が起こった際には、逮捕された教団幹部の裁判がはじまる前の時点で、教団施設は徹底的に破壊された。

この大本の影響を受け、戦時中に生まれた璽宇《じう》という教団についても、『日本の10大新宗教』でふれた。戦後、この教団の教祖である璽光尊《じこうそん》は、「人間宣言」を行って神の座から下りた昭和天皇の代わりであるとし、菊の紋章を多用した。信者のなかには、「出陣《しゅつじん》」と称して、GHQのダグラス・マッカーサー元帥に璽光尊の啓示を伝えるため直接にアプローチをするなど、大胆な行動に出る者もあった。

璽宇には、元横綱の双葉山《ふたばやま》や囲碁の名人、呉清源《ごせいげん》が信者として加わっており、移り住んだ金沢《かなざわ》で幟《のぼり》を立てて街中を練り歩いたりしたため、大きな注目を集めたが、GHQへの出陣のこともあって警察に警戒され、取り締まりを受けている。

『日本の10大新宗教』で璽宇と一緒に取り上げた天照皇大神宮教《てんしょうこうたいじんぐうきょう》の場合には、「踊る宗教」としてその名をとどろかせたのだが、終戦の翌年に、教祖の北村《きたむら》サヨは食糧《しょくりょう》緊急措置令違反に問われ、懲役《ちょうえき》8カ月、執行猶予《しっこうゆうよ》3年の有罪判決を受けている。

璽宇の場合には、取り締まりは受けたものの、起訴はされなかった。ただ、事件後に、双葉山や呉清源が教団を離れてしまったこともあり、その後大きく発展することはなかった。しかし、天照皇大神宮教の方は、教祖が積極的に海外布教《ふきょう》にも取り組み、一時はかなり発展した。

カルトか新宗教か、その線引きは難しい

騒動を引き起こした時点で、璽宇も天照皇大神宮教も、警察からの取り締まりを受けており、社会からはカルトとして扱われたことになる。ただ、一旦はカルトとされた教団も、

時代が変化していくことで、社会の受け取り方は変わっていく。大本の影響を受ける形で、璽宇以外にも生長の家《せいちょう　いえ》や世界救世教《せかいきゅうせいきょう》、真光《まひかり》系教団といった新宗教が誕生した。大本自体についてはは高橋和巳《たかはしかずみ》の小説『邪宗門《じゃしゅうもん》』のモデルの一つとなる教団として脚光を浴びたこともあった。そうなれば、カルトとはとらえられなくなる。

こうした事例を見ていっただけでも、カルトと新宗教との線引きがいかに難しいかが分かる。

人によっても、その集団をカルトとしてとらえるのか、それとも新宗教の教団としてとらえるのかは変わってくる。一度、信者になり、問題を感じて脱会した元信者からすれば、その教団はカルトにほかならないかもしれないが、信仰を続けている人間にとっては、かけがえのない立派な宗教になる。そこにも、カルトを考える際の難しい問題がある。

いったいカルトをどのようにとらえるべきなのだろうか。序章での議論はそこからはじまる。

その後に、日本の社会のなかでカルトとして扱われてきた宗教教団を10選んで取り上げるが、それがそのまま反社会的な行為を行う危険な集団というわけではない。その点を理解してもらうには、序章での議論を是非《ぜひ》とも踏まえていただきたいと思うのである。

日本の10大カルト／目次

はじめに 3
30年ぶりに注目を集めた旧統一教会 3
カルトという言葉がなかった頃 4
カルトか新宗教か、その線引きは難しい 6

序章 カルトとは何か 17

シャロン・テート事件とチャールズ・マンソン 18
死者918人の人民寺院事件 19
金余り時代のオウム真理教、幸福の科学、旧統一教会 20
90年代は欧米そして中国もカルトの時代だった 23
まさしくカルトの定義に当てはまる初期キリスト教 25
「オウムは宗教だったか否か」問題と一般信徒 28
新しい宗教が生まれるとき、そこには必ず「熱狂」がある 30
歴史的には比較的新しいユダヤ教とキリスト教の対立 33
最初の頃のイスラム教も釈迦の死後の仏教もカルトだった 35

フランスのカルト規制法「反セクト法」とは何か？ 38
フランスでカルト指定された日本の宗教団体 40
カルトとしてはじまっても次第に失われる「カルト性」 43
創価学会と霊友会、立正佼成会、PL教団のちがい 45
近年のカトリック聖職者による性的虐待もカルトの一種 47

第1章 旧統一教会（世界平和統一家庭連合） 51

日本の高度経済成長と旧統一教会の活動 52
勢力拡大の核となった久保木修己と「勝共」 54
エリートを魅了したマルクス主義に対抗する「統一原理」 56
廃品回収、花や珍味の押し売りから偽りの募金へ 58
霊感商法は「悪魔世界からの正しい金の回収である」 61
サタンと神の「善悪二元論」が行為を正当化する 63
共産主義の弱体化、やがて訪れた「ベルリンの壁」崩壊 66
バブル経済の反動である純潔と合同結婚式 67
統一原理から「霊界」への教義のシフト 70

キリスト教から儒教へと核が変化 72
冷戦構造の終焉で存在意義を失う 75
保守系議員のリップサービスと選挙協力という「ずぶずぶの関係」 76
自民党議員たちは解散命令請求を食い止めなかったが…… 79

第2章 オウム真理教 83

当初は宗教ですらなかったが、カルトの典型に変貌 84
急速な拡大と殺人を肯定する教義 85
激しく厳しい修行中に事故死した一人の信者 87
幹部たちの隠蔽工作と、漏洩を恐れての信者の殺害 89
「ポア」の思想と坂本弁護士殺害事件 91
「無差別大量殺人」も苦行であるからこそ修行となる 93
地下鉄サリン事件に至るまでの計画の数々の失敗 96
天才化学者・土谷正実の存在 98
警察の捜査を攪乱するために起こした地下鉄サリン事件 101
サリンで創価学会・池田名誉会長を狙っていた 103
詐病か精神の変調か、異常な教祖と信者の葛藤 105

麻原を崇拝し続ける後継団体アレフ 108
聖遺物となる可能性がある麻原の遺骨の行方と後継団体 110

第3章 エホバの証人 113

M・ジャクソンも行った戸別伝道と問題になった「スリラー」 114
創立者ラッセルと日本支部創設者・明石順三 116
兵役拒否で懲役10年、本部批判で除名 118
ハルマゲドンの予言が外れても減らなかった日本の信者 120
1985年、川崎での輸血拒否事件 122
兵役・輸血だけでなく武道、国旗・国歌、選挙も拒否 125
子どもに対する鞭打ち体罰による達成感 127
近年、見られるカルト性の変化 130

第4章 顕正会（冨士大石寺顕正会） 133

多くの逮捕者を出したカルトらしい集団 134

若い会員による折伏と、適中した予言 135
数々の問題行動と浅井昭衞会長の死 138
創設者・浅井甚兵衛と日蓮正宗 140
「本門之戒壇」をめぐる日蓮正宗・創価学会との確執 142
急激に拡大し公称250万人、実数50万人の信者 145
主張は政治的だが、今のところ政界進出は見られない 148

第5章 浄土真宗親鸞会 151

一般の浄土真宗を異端とする親鸞会 152
当然、浄土真宗側は親鸞会を異端ととらえ批判 153
「葬式や法事ばかりで親鸞の教えを伝えない」と主張 156
ベストセラーを連発する1万年堂出版という拠点 157
正体を隠しての大学生への勧誘が社会問題化 159
徐々に秘密を明かし、会費は月額3000円から100万円 161
当初は北陸の小団体、謎多き高森顕徹会長 164
推定1万人程度の信者数だが、総工費140億円の正本堂 166

第6章　幸福の科学　169

文科省に認可されなかった大学設置　170
東大卒の創始者、著名人・エリートの信者と、激しい抗議活動　173
角川文庫に大川隆法の著作が13タイトルも収録　176
釈迦の生まれ変わりと称する教祖とGLAの関係　178
エンターテイメントの要素が強い「霊言集」と平易な教義　181
死して火葬されない教祖　184
「滅びるのは肉体だけ」と復活の祈りを捧げる信者　186

第7章　サイエントロジー　189

T・クルーズ、J・トラボルタ、C・コリアと「恐怖の教会」　190
UFO実在を主張するベストセラーSF作家の創始者　192
セミナーだけで明かされる秘密の知識　194
細かく段階的な1回3万円のセミナー「オーディティング」　197
お布施でも献金でもなく「受講料」　200
アメリカでは宗教法人だが、日本では認証されていない　201

アメリカでは反精神医学の団体として社会と対立 203

第8章 ライフスペース 205

適中しなかった「ノストラダムスの大予言」 206
遺体発見後、奇抜な発言を繰り返した代表・高橋弘二 207
ひたすら参加者の拡大を目指す自己啓発セミナー 210
サイババと『理性のゆらぎ』そして女流棋士・林葉直子の失踪 213
保護責任者遺棄致死で懲役7年の実刑 216
冤罪を訴え、ヨーガや瞑想講座を運営する残りのメンバー 218

第9章 パナウェーブ研究所(千乃正法会) 221

スマホと防犯カメラがあったらオウム事件は起きなかった 222
木々やガードレールを白い布で巻く白ずくめの集団 224
GLA高橋信次の後継者を突如、名乗ったリーダー 226
「タマちゃん」と福岡教育大助教授死亡事件 229

千乃裕子の生涯 230
反共思想と陰謀論「スカラー波」「リビドー攻撃」 232
サタンを消滅させた千乃の死と、売られ続ける著書 236

第10章 法の華三法行 241

恥ずかしいからこそ修行になる街角での勧誘 242
「最高ですか?」「最高です!」と絶叫 244
証明できない啓示「天声」と、「富士天声村」の建設 246
マザー・テレサ、B・クリントン、サイババ、小柳ルミ子、蜷川幸雄、NHK… 249
足裏という着目点と、夫婦で350万円の参加費 250
原告1100人、請求総額54億円の詐欺訴訟 253
懲役12年の実刑と「復活祭」そして2代目法源 255

おわりに 257
信者か非信者かでこころの中は大きく異なる 257
サタン、共産主義、宇宙人…と教団ごとに「敵」はいろいろ 259
既存仏教、巨大新宗教、常識も「敵」になる 261

世間はカルトに厳しいが、それでも人はカルトにひかれる　264
なぜ、なおひかれる人々がいるのか　265
カルトがまったく存在しない社会はない　268

DTP　美創

序章　カルトとは何か

シャロン・テート事件とチャールズ・マンソン

最初、カルトに注目が集まったのはアメリカ合衆国においてだった。日本においてではなかった。

１９６９年８月９日、女優のシャロン・テートがカリフォルニア州ロサンゼルスの自宅で友人たちとともに殺された。彼女は著名な映画監督、ロマン・ポランスキーの妻で、事件当時、妊娠《にんしん》していた。胎児《たいじ》もろとも殺されたことになる。ポランスキーは事件の前年『ローズマリーの赤ちゃん』というホラー映画を監督し、話題になった。

この事件の犯人は、チャールズ・マンソンという音楽家でもある人物が率いていたコミューンのメンバーで、彼らはマンソンとともに逮捕された。彼らはほかにも殺人事件を起こしていた。しかも殺人は相当に残虐《ざんぎゃく》な手口で行われた。

マンソンは直接犯行に携わったわけではない。だが、一連の殺人を指示したとして死刑判決を受けた。実行犯も終身刑となった。その後、カリフォルニア州では一時死刑が廃止され、マンソンもその対象となり、終身刑に減刑された。刑務所から病院に移されたマンソンが83歳で亡くなったのは２０１７年のことだった。

この事件を報じる当時のアメリカの新聞を見てみると、この集団をさしてカルトということばは使われていない。

死者918人の人民寺院事件

カルトの文字が新聞の紙面に躍るようになったのは、マンソンの事件の9年後、1978年に南米のガイアナで起こった人民寺院《じんみんじいん》という教団の集団自殺においてだった。このときには918名が死亡しているが、なかには自殺を拒んで殺された信者もいた。

人民寺院を率いていたのはジム・ジョーンズという人物だった。ジョーンズはプロテスタントの牧師だったが、社会主義の思想に感化され、ガイアナに土地を求め、そこで社会主義の実践を試みようとした。ところが、人民寺院が人権蹂躙《じゅうりん》を行っているという疑いが持ち上がり、アメリカ合衆国下院議員のレオ・ライアンが調査のためガイアナを訪れた。

事件のきっかけになったのは、ライアン議員が信者によってナイフで襲われたことだった。それで議員がアメリカへ戻ろうとすると、人民寺院の武装集団が飛行機を銃撃し、議員らを殺害した。ジョーンズは、人民寺院はこれから外部の勢力に襲撃され、メンバーは拷問《ごうもん》されると危機感を煽《あお》り、それが集団自殺に結びついた。親たちがまず子どもたちに毒物を飲ませ、自分たちもそれに続いた。ジョーンズは、銃殺《じゅうさつ》されているのが見つかったが、自らに銃を放ったのか、それとも誰かに命じて撃《う》たせたのか、その点ははっきりしない。

衝撃的な事件であるだけに、人民寺院についての書物もその後いくつか刊行された。私はそのうちの一つ、ティム・レイターマンとジョン・ジェーコブズによる『人民寺院―ジム・ジョーンズとガイアナの大虐殺』（越智道雄監訳、ジャプラン出版）を読んだ。著者はともにジャーナリストで、そのうちの一人、レイターマンの方はライアン議員に同行して人民寺院が入植したジョーンズタウンを訪れ、事件に遭遇した。彼はすでにその前から人民寺院のことを調べており、事件後、協力者となったジェーコブズとともに、ジョーンズの生い立ちから、宗教家としての活動、そして事件へと至る経緯《けいい》を追うこととなったのだ。

この本を読んでみると、人民寺院が誕生した当初の段階では決して危険な集団ではなかったことが分かる。しかし、核戦争の勃発を予言し、社会主義にもとづく楽園を地上に建設しようという構想は次第に先鋭化し、最後は想像を絶する悲劇を生むことになったのである。

金余り時代のオウム真理教、幸福の科学、旧統一教会

この事件によって、カルトに世界的な関心がむけられるようになるが、日本でカルトが大きな問題になってくるのは、1990年代に入る頃だった。当時の日本社会はバブル経済の絶頂期で、金余りの風潮が続いていた。

1989年に昭和天皇が亡くなり、平成の時代に変わる。これは、拙著《せっちょ》『捨てられる宗教―葬式《そうしき》・墓・戒名《かいみょう》を捨てた日本人の末路《まつろ》』（SB新書）で指摘したことだが、日本の宗教団体は、既成宗教、新宗教を問わず、平成の時代に入った時点で信者数はピークを迎えていた。それ以降、平成の30年強が過ぎていく間に、各教団は大幅に信者数を減らしていく。総数ではおよそ3割の減少となった。

逆に言えば、平成への代替わりが行われた時期は、各宗教が活況《かっきょう》を呈していたわけで、そのなかでオウム真理教《しんりきょう》や幸福《こうふく》の科学《かがく》といった新しい教団が注目された。旧統一教会に注目が集まったのも、同じ時期のことである。

1989年には、オウム真理教を糾弾《きゅうだん》する週刊誌のキャンペーンがはじまり、その最中に、教団を批判していた坂本堤《さかもとつつみ》弁護士の失踪《しっそう》事件が起こった。当然、オウムに疑いがむけられたが、坂本弁護士との関係がよくなかった神奈川県警が十分な捜査を行わなかったために、犯罪を立証できなかった。このことが後に重大な影響を与える。

1991年には、オウムとともに注目を集めた幸福の科学が、写真週刊誌の『フライデー』などによる批判に大量のファックスを送って抗議する行動に出た。

旧統一教会の合同結婚式に桜田淳子《さくらだじゅんこ》などの著名人が参加したのが1992年で、翌年には、その結婚式に参加した元新体操選手、山崎浩子《やまさきひろこ》の脱会という出来事が起こり、「マインド・コントロール」ということに注目が集まった。

1994年には松本市《まつもとし》でサリン事件が起こり、その年のうちに警察はオウムによる犯行を疑うようになるが、1995年3月、強制捜査を察知した教団は地下鉄サリン事件を起こす。

このように、1990年代前半は宗教団体をめぐる事件が頻発《ひんぱつ》した。さらに、オウムの教祖である麻原彰晃《あさはらしょうこう》や幹部が逮捕され、長期にわたる裁判がはじまった後にも、1999年にはライフスペースによる「成田《なりた》ミイラ化遺体事件」が起こり、2003年には白装束《しろしょうぞく》集団こと、パナウェーブ研究所をめぐる騒動も起こった。

「最高《さいこう》です!」と絶叫させる研修会で知られるようになった法《ほう》の華三法行《はなさんぼうぎょう》の教祖、福永法源《ふくながほうげん》が詐欺《さぎ》の容疑で逮捕されたのも2000年のことだった。

こうした教団については、いずれも本書でふれるが、同じ時期、海外でもカルトと見なされる教団による事件が頻発した。

90年代は欧米そして中国もカルトの時代だった

1993年には、アメリカのテキサス州でブランチ・ダヴィディアンをめぐる事件が起こる。この集団は、もともとはキリスト教のプロテスタントに属するセブンスデー・アドベンチストの教会だったが、1990年にデビッド・コレシュと名乗る人物がリーダーの座につくと、最終戦争にむけて武装化《ぶそうか》するようになる。この場合も、オウムと同様に、警察による強制捜査の情報を察知したことで、連邦捜査官、さらにはFBIと銃撃戦を展開した。最終的には、教団本部の建物が爆破炎上し、82名の信者が亡くなり、FBI側も4名の死者を出している。

事件は他の国でも起こった。

1994年には、神秘主義を信奉《しんぽう》し、エコロジーを唱える太陽寺院という教団がスイスやカナダで集団自殺をとげ、53名が亡くなっている。武装化し、それで警察による捜査を受け、追い詰められたことが原因ともされるが、翌1995年にも16名がフランスで、さらに1997年にも5名の信者の遺体がカナダで発見されている。終末論《しゅうまつ》を信奉したことが集団自殺に結びついたという分析もなされているが、詳細は判明していない。他の集団の場合に若者が多かったのと比較して、太陽寺院のメンバーの中心は中年期の中産階級であるところに特徴があった。

アメリカでも1997年に集団自殺の事件が起こる。事件を起こしたのはヘヴンズ・ゲートという集団で、スピリチュアリズムの影響を受け、UFOの存在を信じていた。彼らは、天の王国からUFOが迎えにやってくると考えるようになり、天に引き上げられるために集団自殺をとげた。これによって39名が亡くなっている。

こうしたカルトをめぐる事件が頻発したことを受けて、2001年にはフランスにおいて「カルト規制法」が成立した。それに先立って、1995年末には国民議会調査委員会による報告書が作成され、そこでは173の団体がカルトとしてリストアップされた。

安倍元首相狙撃事件をきっかけに旧統一教会のことが取り上げられるようになった際には、日本でも、こうしたカルト規制法を成立させるべきだという声があがった。

オウムの事件が起こった後には、宗教法人法の改正の必要性が主張され、実際、この法律が制定されてからはじめての改正が行われた。旧統一教会に対する解散命令請求を行うために7回にわたって行使された「質問権」は、この改正の際に定められたものである。

ただし日本では今のところ、カルト規制法にあたるような法律は制定されていないし、その方向にむかう具体的な動きはない。それは日本だけのことではなく、フランス以外の国ではカルトを規制する法律は制定されていない。

このように、カルトと呼ばれる集団がさまざまな事件を起こし、世界的に注目を集め、問題視された。中国で気功《きこう》集団の法輪功《ほうりんこう》がその勢力を拡大し、中国政府や中国共産党《きょうさんとう》の要人が住む北京中南海《ペキンちゅうなんかい》を包囲したことで弾圧されたのも、1999年のことだった。

その後、2001年にはアメリカで同時多発テロが起こり、同種の事件が頻発したことで、「テロの時代」へと転換していくが、1990年代は間違いなく「カルトの時代」であった。

まさしくカルトの定義に当てはまる初期キリスト教

ここまで「カルト」ということばを使ってきたが、カルトをどのように定義するかは、ずっと難しい問題になってきた。カルトと宗教はどう違うのか、カルトは新宗教の一つなのではないかなど、その間の線引きは容易ではないからである。

たとえば、1994年に刊行された『【縮刷版】新宗教事典本文篇』（井上順孝他編、弘文堂）

では、近代の宗教運動を意味する「セクト」という用語について紹介した後、1970年前後になると、「アメリカ合衆国を中心に従来のセクトとは性格が異なり、とくに非キリスト教的伝統に多くを負う宗教集団が活発な活動を展開すると、もはやそれらにセクトの語をあてはめるのは不可能なことが明らかになってきた。欧米の1970年前後以降の運動は、『新宗教』とよばれたり『カルト』とよばれたりする」と述べられている。ここでは、新宗教とカルトが同義《どうぎ》として扱われている。

もしこの事典が地下鉄サリン事件が起こった1995年以降に刊行されていたとするなら、カルトについてより多くの頁《ページ》が割かれたであろう。索引を見る限り、この事典に登場するカルトということばは、これ以外に一箇所しかない。少なくともカルトとは何かについて具体的な定義が行われているわけではないし、踏み込んだ議論が行われているわけでもない。

木村洋二《きむらようじ》・渡邊太《わたなべふとし》による「親・子・カルトのトライアッド―信者と家族と教団のソシオン・ネットワーク分析」(『関西大学社会学部紀要』、32巻2号、関西大学社会学部、2001年)という論文においては、アメリカのキリスト教調査研究所(Christian Research Institute)が示した、その集団がカルトであるかどうかを見極める基準について紹介している。

それによれば、「(1) 指導者による聖典《せいてん》解釈への絶対的なコミットメント、(2) 指導者はけっして間違ったことをしないという信仰、(3) 先行する啓示《けいじ》と矛盾《むじゅん》する啓示への信仰、(4) 私たちは終わりの時を生きているのだという強い信仰、(5)『私たち/彼ら』という心性、(6) 集団の命令に従わせる圧力」がカルトの基準とされている。

ただし、この論文では、「これらの項目は危険なカルトを見分けるための客観的基準として十分とはいえない。創唱《そうしょう》宗教《しゅうきょう》の普遍的《ふへんてき》特徴に当てはまってしまうからである」と指摘されている。創唱宗教とは、独自の教えを説く創唱者が存在する宗教のことで、新宗教にはそうしたものが多いが、仏教やキリスト教、イスラム教も創唱宗教にほかならない。つまり、カルトの基準をあげていくと、創唱宗教全体にあてはまるものになってしまうのだ。

そう言えるのかどうか、ここで検証してみる必要がある。

たとえば、キリスト教のことを考えてみるならば、まさにその当初のあり方はカルトの条件にあてはまる。イエス・キリストは、それまでの聖書解釈、この場合にはユダヤ教の聖典(旧約聖書)に対してだが、新たな解釈を施し、信者からは間違いをおかすはずはない神の子と見なされた。イエスの言動は、ユダヤ教の律法《りっぽう》主義者が唱える神の啓示とはまったく異なるものであり、初期の信者たちは世の終わりが近づいていることを前提に活動を展開した。彼らには、自分たちと旧来のユダヤ教徒、あるいは他の宗教を信じる者たちとは違うという強い自覚があり、その集団に属している信者たちは殉教《じゅんきょう》を拒んではならないという圧力を受けていた。このように初期キリスト教の特徴を列挙していくと、その時期のキリスト教はカルトにほかならない。

「オウムは宗教だったか否か」問題と一般信徒

オウムの事件が起こったとき、宗教界は「オウムは宗教ではない」という主張をさかんに展開した。サリンを使っての無差別殺人を敢行《かんこう》するような危険きわまりない教団は、本来平和を追い求める宗教とはまったく異質なものだというわけだ。

あるいは、仏教界からは、「オウムは仏教ではない」という主張がなされた。たしかにオウムは、ヨーガやチベット密教、あるいは各種の神秘主義の影響を強く受けており、日本に存在する既存の仏教教団とは性格が大きく異なるのは事実である。

しかし、オウムが宗教ではないと証明することは難しい。オウムには創唱者である麻原がいて、麻原は膨大な数の説法《せっぽう》をくり返していた。それらの説法は、教団が刊行する書物や雑誌に掲載されているし、麻原が開拓したヨーガを基盤とした修行の方法は、信者たちによって日常的に実践されていた。チベット密教の経典《きょうてん》を独自に翻訳するなどの活動も展開していた。

オウムが宗教ではない、仏教ではないと、宗教界から主張されたとき、その根拠は、オウムが行ったサリンを使った無差別殺人などに求められていた。社会を破壊する活動を行った以上、それは宗教の名に値しないというのだ。

オウムの事件が起こったことで、たんにカルトではなく、「破壊的カルト」ということばも使われるようになった。西田《にしだ》公昭《きみあき》は、黒田《くろだ》文月《ふづき》との共著論文「破壊的カルト脱会後の心理的問題についての検討―脱会後の経過期間およびカウンセリングの効果」（『社会心理学研究』第18巻第3号、2003年）において、「破壊的カルトとは自らの利益追求のためにあからさまな欺瞞《ぎまん》を行う集団である。その集団活動の破壊性には、家族崩壊にとどまらず、詐欺、集団自殺、殺傷《さっしょう》および無差別テロ活動にまで発展した例もある」と定義している。

ただ、西田は、「メンバーは一般に所属集団の破壊性を認知していない場合が多く、また認知していても独自の正当化の論理を信じてそのような行為を容認することさえある」と述べ、一般の社会とカルトとされる集団のメンバーとの間に決定的な認識の違いが存在することを指摘している。

オウムの数々の犯行については第2章でふれるが、それにかかわったのは麻原の側近を中心とした一部の幹部、信者たちであった。他の信者たちは——こちらが教団では多数派になるが——自らが属する教団がそうした事件を引き起こしているという事実そのものを知らなかった。

その代表となるのが17年間にわたって逃亡生活を続けた女性信者の場合であろう。彼女が逃亡したのは、サリン製造プロジェクトに関与した殺人及び殺人未遂容疑で警察から特別指名手配を受けたからだった。

彼女は２０１２年に逮捕されてから起訴され、一審では懲役5年の有罪判決を受けたが、二審では無罪判決が出て、２０１７年に最高裁でそれが確定した。彼女が運んだのは爆薬の原料だったものの、本人がそれを認識していなかったというのが無罪判決の理由だった。オウムの一般の信者たちは、自分たちの教団が危険な爆発物、さらにはサリンのような化学兵器を製造していることを知らなかったのである。

新しい宗教が生まれるとき、そこには必ず「熱狂」がある

仮にオウムを破壊的カルトの典型としてとらえたとき、すべての信者たちをそのメンバーとしてとらえることは適切なのだろうか。彼らは、自分たちが破壊的カルトのメンバーだとは認識しておらず、事実、教団が行っていたことを知らなかった。教団に対して社会から向けられた数々の疑惑については、すべてが虚偽《きょぎ》であるととらえていたはずである。

そもそも破壊的カルトの定義は、その集団が反社会的な行為に及んだかどうかにかかっている。しかし、その集団が犯罪にかかわるようなことをしていなかったとしたらどうなるのか。それでもカルトと言えるのかどうかが問題になってくる。

カルトということばは、もともとはラテン語「cultus」に遡《さかのぼ》る。「cultus」は、耕《たがや》す、居住することを意味する「colo」の過去分詞である。この「colo」から生まれたのが「cultura」で、それが英語の「culture」となり、文化を意味する。

ただ「cultus」にはもう一つ、崇拝や礼拝という意味もある。今、論じているカルトということばはこちらに由来《ゆらい》する。

カルト的と言えば熱狂的な信仰としてとらえられるが、熱狂ということから思い起こされるのが、フランスの宗教社会学者、エミール・デュルケムのよく知られた議論である。デュルケムは、『宗教生活の原初形態』（上・下、古野清人訳、岩波文庫）で、宗教の起源について考察しているが、そこで熱狂の重要性を指摘した。

狩猟採集《しゅりょうさいしゅう》の社会では、一年のうち、共同体のメンバーはある限られた期間だけ集まって生活し、その際に盛大な祭儀《さいぎ》を営《いとな》む。それによって共同体のメンバーは熱狂状態に陥り、そのなかで神の存在を実感する。宗教は、こうした熱狂からはじまるというのがデュルケムの宗教の起源についての説だった。つまり、そもそも宗教というものはカルト的な熱狂からはじまるのである。

デュルケムの議論は、当時「原始未開」と呼ばれた、近代文明と無縁な伝統社会についてのものだった。これに対して、世界宗教にまで発展する創唱宗教は文明が発達したところにしか生まれない。したがって、世界宗教の発生について、デュルケムの説をそのまま用いるわけにはいかないが、新しい宗教が生まれたとき、そこに熱狂が伴うのは決して珍しいことではない。ローマ帝国による迫害のもとでキリスト教徒が殉教を厭《いと》わなかったのも、信仰がもたらす熱狂が背景にあったからだ（それについては、拙著『キリスト教の100聖人　人名でわかる歴史と教え』〈幻冬舎新書〉で取り上げたローマ帝国時代の殉教者の事例が参考になる）。

歴史的には比較的新しいユダヤ教とキリスト教の対立

キリスト教がいったいいつ誕生したのかについては、その時期を定めることは難しい。キリスト教を、イエスの教えにもとづく宗教としてとらえるならば、洗礼者《せんれいしゃ》ヨハネによる洗礼を受け、悪魔の誘惑を退けた後からということになる。ただし、イエス自身にはユダヤ教に代わる新しい宗教を作ろうという意図はなかった。あくまでユダヤ教の枠のなかで、その改革をめざして活動したととらえる方が事実に近い。

では、イエスが十字架にかけられて殺され、3日目に復活をとげた時点においてなのだろうか。それとも、イエスの死後に弟子となったパウロが、ローマ帝国の内部においてユダヤ人以外にその教えを伝えるようになってからなのだろうか。その時期を確定するのは意外に難しい。

しかし、パウロをはじめとする初期のキリスト教徒が、イエスの死と復活を、すぐにでも訪れる世の終わりにおける裁きとイエスの再臨《さいりん》についての予言として解釈するようになったことは重要である。すでに見たカルトの基準のなかには、「私たちは終わりの時を生きているのだという強い信仰」があげられていたが、初期のキリスト教はまさにこの基準にあてはまるのだ。

キリスト教がローマ帝国において、なぜ激しい弾圧を受け、多くの殉教者が生まれたのか、その理由は必ずしも明らかではない。一般的な説明では、ローマ帝国では皇帝崇拝が行われており、それを拒否したことでキリスト教徒は弾圧されたとされている。

しかし、その前提として、ローマ帝国においてユダヤ教とキリスト教がはっきりと区別されていたかどうかが問題になる。ユダヤ教徒もローマ帝国において迫害を受けているが、それは彼らがユダヤ法に厳格に従い、安息日《あんそくび》を守り、割礼《かつれい》を行うことにこだわり、他の集団とのあいだに明確な距離をおいたからである（この点については、大澤武男《おおさわたけお》『ユダヤ人とローマ帝国』〈講談社現代新書〉を参照）。

イエスもユダヤ人だが、ユダヤ教徒は、イエスを最後の審判に再臨する救世主《きゅうせいしゅ》とは見なしていない。ユダヤ教にも終末論はあるが、キリスト教だけの教典である新約聖書には、その終わりに「ヨハネの黙示録」というキリスト教独自の終末論が含まれている。少なくとも、ユダヤ教徒がローマ帝国において弾圧されたのは、彼らが終末論を唱えたからではない。

そもそもユダヤ教を意味するギリシア語の「ユダイスモス」は前2世紀以後の文献にしか遡ることができない。イエスが活動したのは西暦紀元前後のことになるが、「キリスト教」ということばは新約聖書には出てこない。ユダヤ教とキリスト教という概念を初めて対立するものとして用いたのは、1世紀末から2世紀前半のギリシア語の書簡、アンティオキアのイグナチオの手になるマグネシア書簡である。このことを指摘している手島勲矢《てしまいざや》は、「キリスト教とユダヤ教の対立が歴史的にキリスト教側とラビ・ユダヤ教側の両方の資料から双方向的に確認できる状況は、比較的新しいものであり、中世以前には存在しない現象といえる」とさえ述べている（『ユダヤの聖書解釈―スピノザと歴史批判の転回』岩波書店）。

ユダヤ教とキリスト教が、ローマ帝国において明確に区別されていなかったのだとしたら、キリスト教徒だけが迫害のターゲットになったとは考えにくい。ただ、キリスト教の側は、激しい迫害を受け、多くの殉教者を出したと主張してきた。それが事実であるならば、キリスト教はローマ帝国の側からはカルトとして危険視されたことになる。その勢力を拡大しはじめた段階で、キリスト教は間違いなくカルトだったのである。

最初の頃のイスラム教も釈迦の死後の仏教もカルトだった

では、イスラム教はどうなのだろうか。

イスラム教は、キリスト教に次いで信者数世界第2位の宗教である。現在ではキリスト教が西ヨーロッパで力を失い、アフリカを除くと信者が増えていないのに対して、イスラム教はそれが広がった地域で人口の増加が続いていることもあり、その勢力は拡大を続けている。今世紀中には、キリスト教に代わって信者数世界第1位に躍り出るという予測もなされている。それほどイスラム教の規模は大きく、世界に定着している。

イスラム教の場合にも、最初はごく小規模な集団に過ぎなかった。イスラム教は、「最後の預言者《よげんしゃ》」とされるムハンマドが神から啓示を受けたことにはじまるが、最初に信者になったのは妻のハディージャだけだった。

ムハンマドは、啓示にもとづいて唯一絶対の神への信仰を説いたのだが、それまでそれぞれの部族の神を祀《まつ》ってきた周囲の人々にはすぐには受け入れられなかった。その証拠に、最初メッカで活動していたが、周囲からの迫害によりメディナへの移住を余儀なくされた。多神教徒《たしんきょうと》との戦いは熾烈《しれつ》を極め、信仰は容易には広がらなかったのだ。

それも、ムハンマドの説く信仰のあり方が、アラブの社会には新奇なものだったからだ。信仰を広めるためにムハンマドは激しく戦い、神も多神教徒を見つけ出して殺害するように命じた（聖典コーランの第9章にはそうした文言が出てくる）。ムハンマドは、メッカのカーバ神殿においてそれぞれの部族が祀っていた神の像を、偶像《ぐうぞう》崇拝だとして一掃《いっそう》してしまった。周囲の多神教徒からすれば、当初のイスラム教は戦闘的で危険なカルト集団にほかならない。

世界宗教としては、ほかに仏教がある。仏教の場合には、キリスト教やイスラム教のように、当初の段階で、世界の終わりを説いたり、戦いによって信仰を広げていったわけではない。その点から、仏教がカルトとしてはじまったという認識は存在しないかもしれない。

だが、開祖《かいそ》である釈迦《しゃか》は、妻と子がいたにもかかわらず勝手に出家《しゅっけ》し、悟《さと》りを開いた後も、亡くなるまで家に戻ることはなかった。その弟子となった人間たちも同様で、彼らは家を捨てた出家者だった。旧統一教会が最初に問題視されたのは、「親泣かせの『原理運動《げんり》』」としてだったが、それも学生組織である原理研究会に入った人間たちが家を出て、ホームと呼ばれる共同生活の場に入り浸ってしまったからだ。

釈迦が亡くなった後、仏教は仏舎利《ぶっしゃり》の信仰として広がった。釈迦の遺骨である仏舎利を祀る塔がインド各地に建てられ、それが信仰の対象となり、仏教寺院の原型ともなっていく。これは呪術的な信仰であり、それを拝めば功徳《くどく》が得られると説かれたことは一種の霊感商法ではないのか。合理主義の考えからすれば、そうした判断もあり得る。仏教でさえカルトとしての側面を持っていたのである。

フランスのカルト規制法「反セクト法」とは何か？

すべての創唱宗教はカルトとしてはじまる。そのように考えていいのではないだろうか。だからこそ、宗教とカルトを区別することが難しいのだ。カルトについての基準が、創唱宗教にすべてあてはまるのもそのためなのである。

しかし、フランスではカルト規制法が成立し、カルトと目される団体が指定されたではないかと言われるかもしれない。

その点について議論する必要があるが、そもそも、ここまでカルト規制法ということばを使ってきたものの、その正式な名称にはカルトは登場しない。それは、「人権および基本的自由を侵害するセクト的運動団体の予防および抑制を強化する法律」というものであった。そこには「セクト的」という言い方はあるものの、カルトということばは登場しない。

「反セクト法」という略称が用いられることもあるが、それも正確ではない。問題とされているのは、セクトそのものではなく、「セクト的運動団体」だからである。

では、セクトとは何を意味するのだろうか。こちらは、カルトとは異なり、宗教社会学の世界で広く用いられてきた学術用語である。その際に重要なことは、セクトと対比される用語として「チャーチ」が存在することだ。

チャーチは教会を意味し、日本ではとくにキリスト教の礼拝施設をさすが、宗教社会学におけるチャーチは、それぞれの地域において支配的な宗教をさし、カトリック教会や東《とう》方正教会《ほうせいきょうかい》、あるいは英国国教会などがそれにあたる。

これと対をなすのがセクトで、こちらはプロテスタントの諸派をさすことが一般的である。プロテスタントはいくつもの派に分かれている。しかも、チャーチでは幼児のときの洗礼に見られるように、信仰を選択する機会が与えられないが、セクトでは成人に達してからの洗礼が基本で、選択の自由が保証されているところに特徴がある。

キリスト教は、ローマ帝国のなかで拡大していくが、帝国が東西に分裂していくことで、やはり東西に分かれ、東では東方正教会が、西ではカトリック教会が成立する。カトリック教会は西ヨーロッパにおいて、強大な権力を持つ組織に発展し、皇帝や王といった世俗《せぞく》の権力者と対抗、対立するようになるが、16世紀には宗教改革が起こり、そこでプロテスタントが生まれた。チャーチとセクトが対立するようになるのは、それ以降のことである。

ただ、このようなとらえ方をした場合、カトリックが少数派であるような地域ではどうなるかといったことが問題になる。たとえば、アメリカ合衆国では、カトリックは全体の

4分の1を占めるに過ぎない。アメリカのカトリックは、他のプロテスタントと同じ立場にあるわけで、それを社会に支配的なチャーチとしてとらえることはできない。

アメリカについては、チャーチとなるような宗派が確立されず、カトリックを含めさまざまな宗派が分立し、それは地域別、あるいは民族別、階層別に組織されている。そうした諸宗派が競合しつつ共存する事態をさして、「デノミネーション（denomination＝宗派）」という用語が使われることもある。

フランスでカルト指定された日本の宗教団体

このように、チャーチとセクトという概念で宗教教団を区別する見方にはいろいろと問題があり、そもそもキリスト教にしかあてはまらない部分がある。イスラム教だと、神秘主義の集団を除いて教団組織を形成しないので、いくらその地域で支配的であると言ってもチャーチとは言えない。

ただ、フランスでは、カトリック教会が中心なので、セクトということばが、他の国のカルトと同じ意味を持つことになった。それでも、反セクト法では、セクトを特定したわけではない。リストアップされたのは、あくまでセクト的な行動をとる団体なのである。

では、セクト的な行動とは何なのだろうか。

1995年に国民議会調査委員会が左派社会党のジャック・ギュイヤールを報告者として議会に提出した「ギュイヤール報告書」では、10の基準が示されている。

それをあげれば、精神の不安定化、法外な金銭要求、元の生活からの引き離し、身体に対する加害、子どもの加入強要、反社会的な言説、公序《こうじょ》に対する脅威、訴訟を多く抱えている、通常の経済流通経路からの逸脱、公権力への浸透の企《くわだ》て、である。そして、セクト的な行為をとる173の団体のなかには、幸福の科学、フランス神慈秀明会《しんじしゅうめいかい》、霊友会《れいゆうかい》、崇《すう》教眞光《きょうまひかり》、創価学会《そうかがっかい》インタナショナルといった日本発の新宗教も含まれていた。そして統一教会もである。

この報告書であげられていた基準は、その集団がどのような行動を行ったかである。集団がどのような組織構造を持っているのか、あるいはどういった教義《きょうぎ》を掲げているのかはまったく問われていない。カルト（セクト）と言えば、一般的にはカリスマ的な教祖を中心とした小規模の過激な集団というイメージがあるが、そのイメージに重なり合うようなことは、基準にまったく含まれていないのだ。

つまり、ギュイヤール報告書は、カルト（セクト）についての定義をまったく行っていないと言える。

こうした報告がなされ、セクト的行動を規制する法律が作られたことについては、フランス社会の特殊性が深く関係している。

フランスでは、フランス革命が起こった際に、カトリック教会から権力を奪うために、聖職者《せいしよくしや》を処刑したり、教会の財産を国家に移転させるなどの処置が施された。その後、フランスでは、厳格な政教分離《せいきようぶんり》を求める「ライシテ」の原則が確立され、それは憲法にも織り込まれた。そのため、公共空間において信仰を誇示する行為には制約が課せられるようになる。イスラム教徒の女性が公共空間で「ヒジャブ」と呼ばれるスカーフを被ることが法律で禁じられるまでになったのだ。

こうしたフランスの特殊な環境がなければ、反セクト法が生まれることはなかったであろう。伊達聖伸《だてきよのぶ》は、「反セクト法は、フランス社会および政府による反セクト闘争の絶頂期に制定されたが、その勢いはほどなくして沈静化に向かう」と指摘している（島薗進《しまぞのすすむ》編『政治と宗教―統一教会問題と危機に直面する公共空間』〈岩波新書〉の第4章「フランスのライシテとセクト規制」）。絶頂期とは、まさにカルトの事件が頻発した1990年代をさす。

カルトとしてはじまっても次第に失われる「カルト性」

フランスでさえ、セクトを定義できなかった。しかも、反セクト法は、いったんは成立したものの、それによってセクトに対して強い規制がかけられたわけではない。その後、フランス国内には旧植民地のイスラム教圏からの移民が増え、セクトよりもイスラム教に強い関心がむけられるようになった。フランスにおいてさえ、反セクト法（カルト規制法）は、十分に機能しなかった。それも、セクト（カルト）を定義することが難しく、特定の集団をセクトに指定して、規制することができないからである。

ここで重要な点は、カルトとしてはじまった宗教は、歴史を経るに従って変貌をとげ、社会に定着することによって周囲と軋轢《あつれき》を生まない方向に転換していくことである。つまり、宗教はカルトとしての性格、「カルト性」を失っていくことが多いのである。

キリスト教は、当初は世の終わりがすぐにでも訪れることを強く説いていたが、原罪《げんざい》の教義を確立し、教会に贖罪《しょくざい》の機能があることを打ち出すようになることで、終末論的な傾向は薄れていった。

イスラム教でも、多神教徒との軋轢が大きかったメッカの時代には、神の啓示は終末論的な色彩が濃かったが、メディナに移った後は、信者の日々の生活を律する事柄を説くようになり、やがてそれはイスラム法の確立に結びついた。

日本の新宗教についても同様の経緯をたどった事例をあげることができる。

戦前にもっとも勢力を拡大した天理教《てんりきょう》は、初期の段階では、「ビシャツと医者止《や》めて、神さん一条《ひとすじ》や」と、病気になった際に医者にかかることを真っ向から否定し、信仰によって病を治すことを強く説いていた。病はその人間に対する神からの問題点の指摘だというのだ。

天理教ではまた、教祖は貧しい人々の境遇を自ら体験するために、身の回りのものをすべて周囲に与えてしまったという伝承があることから、「貧《ひん》に落ちきれ」というスローガンが打ち出され、信者に対して財産をすべて教団に寄進《きしん》するよう求めた。実際、そうした行為に及び、それでも布教活動に邁進《まいしん》した信者たちがいた。作家の芹沢光治良《せりざわこうじろう》の両親も財産をすべて寄進して布教に邁進したため、芹沢は幼少期に塗炭《とたん》の苦しみを味わったと後年述べていた。現在言われる「宗教二世」に通じる話である。

しかし天理教は、１９３５年に「天理よろづ相談所」という医療機関を設置し、１９３７年には私立病院としての認可を受けている。「ビシャツと医者止めて」ではなくなったのだ。この病院はその後発展を続け、今では総合病院として高い評価を得るまでになっている。教団の姿勢は大きく変わった。「貧に落ちきれ」などと献金を強要することもなくなり、天理教の布教活動は社会的に問題視されなくなった。天理教は、しだいにカルト性を薄めていったと見ることができる。教団の規模が拡大すれば、社会の常識的な価値観と強く対立するわけにはいかなくなるのである。

創価学会と霊友会、立正佼成会、PL教団のちがい

それは、戦後に新宗教のなかでもっとも拡大した創価学会についても言える。

創価学会は、戦前の1930年に創価教育学会として創設されたが、その時代には大きく伸びることはなかった。しかも、初代会長の牧口常三郎《まきぐちつねさぶろう》は不敬罪《ふけいざい》と治安維持法《ちあんいじほう》違反で逮捕され、獄死《ごくし》してしまったため、敗戦の時点で、組織は壊滅状態にあった。

それを戦後、創価学会と改称して立て直したのが、牧口の弟子で、やがて2代会長となる戸田城聖《とだじょうせい》である。戸田は、実業家でもあり、現世利益《げんぜりやく》の実現を強調することで創価学会を巨大教団に押し上げていった。

戦後、創価学会に結集したのは、高度経済成長の波に乗って労働力として都会に出てきたばかりの人間たちだった。彼らは小卒や中卒で、零細《れいさい》な企業にしか勤められず、生活は

不安定だった。創価学会は、そうした人間たちの生活を支えるネットワークの役割を果たし、それで拡大した。

他にも、霊友会や立正佼成会《りっしょうこうせいかい》、PL教団（パーフェクト リバティ教団）が巨大教団への道を歩んでいくが、そうした教団と創価学会のあいだには大きな違いがあった。

創価学会は、創価教育学会として発足した戦前の時点から、日蓮宗《にちれんしゅう》の一派である日蓮正《しょう》宗《しゅう》との関係が深かった。創価学会に入会すると、会員は自動的に日蓮正宗に入信することになった。

日蓮正宗は、日蓮の6人いた直弟子《じきでし》の一人、日興《にっこう》に遡るが、日蓮宗の各派のなかでも特異な教義を持ち、自分たちの信仰だけが正しいという立場をとった。創価教育学会初代会長の牧口は、教育者として真面目な人物であり、そうした性格は日蓮正宗の信仰と相性がよかった。

したがって牧口は、伊勢《いせ》神宮《じんぐう》の神札《しんさつ》である神宮大麻《じんぐうたいま》を信仰の対象とすることは、正しい仏法《ぶっぽう》に背《そむ》く「謗法《ほうぼう》」であるとし、それを「謗法払い」と称して焼却してしまった。獄にとらわれたのは、そのためである。

近年のカトリック聖職者による性的虐待もカルトの一種

戦後、創価学会が勢力を拡大するようになった時代、会員たちも、謗法払いを実践し、神棚《かみだな》や他宗派の仏壇を焼き払ったり、過去帳《かこちょう》を燃やしたりした。今もYouTubeで見ることができる1957年7月10日の『朝日ニュース』による「カメラ・ルポ　創価学会」では、謗法払いにあった人たちのことが取り上げられている。

取材者は戸田会長に対して、そのことについて質問している。戸田は、「そんなバカなことあるわけない」と真っ向から否定していたが、謗法払いは戸田の師、牧口が実践したことである。しかも、戸田が著者となった『小説人間革命《にんげんかくめい》』では、戸田をモデルにした主人公の巌《がん》さんの妻が、日蓮正宗の信者である柴田《しばた》という人物に折伏《しゃくぶく》され、本門佛立宗《ほんもんぶつりゅうしゅう》の本尊《ほんぞん》を焼いてしまう話が出てくる。

創価学会において、謗法払いが行われていたことは間違いない。ただ、こうしたことは次第に行われなくなっていく。そもそも、創価学会の会員たちは、都会に出てきたばかりで、故郷の実家での信仰から切り離されており、入会する以前に、他の神仏を祀っていた可能性は低い。

あるいは、創価学会の会員は、長いあいだ、神社には参拝せず、鳥居《とりい》も潜《くぐ》らないという姿勢を貫いてきた。その子弟が修学旅行に参加した際には、神社を訪れることが多いので、参拝を拒み、鳥居も潜らないことで、その子どもが創価学会の会員であることが周囲に知られるようなこともあった。住んでいる地域にある神社の祭にも、創価学会の会員は当然、参加しなかった。

しかし、今日では、こうした行為に及ぶ会員は少なくなった。とくに創価学会を支持母体とする公明党が自民党と連立政権を組むようになると、公明党の議員や候補者が地域の祭に参加することが多くなり、それは会員にも及んでいった。むしろ、会員に対して地域活動に積極的にかかわるよう奨励《しょうれい》しており、必然的に会員たちは神社の祭にも参加するようになってきた（大崎洋《おおさきひろし》「地域社会と宗教との関わりについて―名古屋北部楠《くすのき》地区を例に」『地域社会デザイン研究』5、2017年）。

かつての創価学会は、神社の祭だけではなく、地域で行われる冠婚葬祭《かんこんそうさい》、とくに葬儀にかかわることがなく、そこで周囲ともめることが少なくなかった。現在では、それも過去のことになり、周囲との軋轢は激減した。創価学会は、歴史を経ることで、まさにカルト性を希薄化させてきたのである。

これから取り上げていく宗教集団の場合にも、誕生してから時間が経過しており、カルト性を弱めてきたところもある。逆に、そこまでには至らず、事件や問題を起こし、社会からの激しいバッシングを受けたところもある。

カルト性は、時間とともに希薄化していくのが一般的だが、状況が変わると、それが復活してくることもある。

たとえば、キリスト教のカトリック教会は、長い歴史を持ち、膨大な数の信者を抱えるまでに至っており、カルトと目されることはない。

しかし、近年では聖職者による性的虐待《せいてきぎゃくたい》の問題が取り上げられ、各地で告発されている。そうした行為が長い間放置されてきたのは、聖職者は間違いを犯さないと見られ、実際にそうした出来事が起こっても、対象となった信者が告発できないよう集団の圧力がかかったからである。カトリック教会でさえカルト性を完全に払拭できていないことは無視できない事実である。

この点は、これから述べていく宗教団体についても念頭においておかなければならない。カルト性をどこまで払拭できているのか。その点を見極めていかなければならないのである。

第1章　旧統一教会

（世界平和統一家庭連合）

日本の高度経済成長と旧統一教会の活動

今、カルトということばを聞いて、多くの人たちが思い起こすのは旧統一教会のことだろう。2022年7月の安倍晋三元首相狙撃事件以来、この教団と自民党を中心とした政治家の関係が指摘、批判され、ついに文部科学省は宗教法人としての解散命令請求をするまでに至った。その間、高額献金や霊感商法、あるいは宗教二世のことが問題視されてきた。

旧統一教会という言い方がされるのは、この教団が2015年まで「世界基督教統一神霊協会《せかいきりすときょうとういつしんれいきょうかい》」を名乗ってきたからである。その略称は「統一協会」とされることもあるが、一般には「統一教会」と呼ばれてきた。「協会」では宗教団体であることがはっきりしないからである。

世界基督教統一神霊協会が、2015年に世界平和統一家庭連合《せかいへいわとういつかていれんごう》に宗教法人としての名称が変更された際には、政治的な圧力がかかったのではないかと言われてきた。名称変更は、統一教会にさまざまな批判が寄せられ、そのイメージが悪化していたからだとされるが、宗教法人を所轄《しょかつ》する文化庁宗務課《しゅうむか》は、そうした目的があることを察知し、なかなか名称変更には応じなかった。それを、自民党の議員の圧力で変更されたというのである(この点については、私と前川喜平《まえかわきへい》氏との対談『政治と宗教―この国を動かしているものは何か』〈徳間書店〉で論じた)。

ただ、この名称変更について、あまり注目されていない重要な事柄がある。「基督教」ということばが、変更によって省かれてしまったことだ。旧統一教会については、キリスト教系の新宗教に分類されることが多いが、名称変更は教団自らがそれを否定したようにも見える。しかも、世界平和統一家庭連合では、この教団のことを知らなければ、宗教であるという印象は受けない。

この名称の変更には大きな意味があると思われるのだが、その点は後に述べることにする。

旧統一教会が韓国で誕生したのは1954年のことだった。日本に宣教師がやってきて布教活動を開始したのは1950年代の終わりのことで、宗教法人として認証されたのは1964年だった。

1950年代は日本で高度経済成長がはじまった時代で、それにともなってさまざまな新宗教の教団が急成長した。そうした教団が地方から労働力として都市にやってきたばかかりの人間たちに新しい人間関係のネットワークを与える役割を果たしたからで、創価学会をはじめ、霊友会や立正佼成会、さらにはPL教団が巨大教団に発展していった。

勢力拡大の核となった久保木修己と「勝共」

そうした教団は、日蓮系法華《ほっけ》系を中心とした仏教の教団か、神道《しんとう》系の教団だった。旧統一教会が生まれた韓国では、日本に遅れて「漢江《ハンガン》の奇跡」と呼ばれる高度経済成長が起こり、その際にキリスト教が勢力を拡大していくが、日本では、キリスト教系の教団が急成長をとげることはなかった。

旧統一教会も、巨大教団にまでは発展していない。旧統一教会の信者数は公称で56万人とされる（宗教情報リサーチセンターによる2015年の数字）が、大阪商業大学が行ってきた世論調査（JGSS）をもとにして私が推計した信者数は2万2000人である。

ただ、私の出した数字は、信者としての自覚が十分にあり、また活発に活動している人間の数だと考えられ、最低限の信者数である。旧統一教会の幹部と会談したおりに、その人物は信者は9万人ほどだと言っていた。その中間をとるならば、5万人から6万人というのが信者の実数ではないだろうか。

私の推計では、旧統一教会の信者数は、新宗教全体のなかで19番目である。創価学会の会員数は推計では217万人だが、教団の側はそれよりも多く、500万人程度としているものと考えられる。旧統一教会の規模は信者数5万人とすればその100分の1になる。旧統一教会は、中規模の新宗教教団にとどまっている。

旧統一教会が日本で勢力を拡大していく上で、重要な出来事が二つあった。

一つは旧統一教会の初代会長となった久保木《くぼき》修己《おさみ》の入信であり、もう一つは国際勝共《こくさいしょうきょう》連合《れんごう》の発足である。

久保木の両親は、立正佼成会の幹部で、久保木自らも立正佼成会に入会し、庭野日敬《にわのにっきょう》会長の秘書をつとめていた。ところが、庭野会長の指示で、同じ会の仲間とともに旧統一教会の修練会《しゅうれんかい》に参加して感化され、旧統一教会に入信している。

立正佼成会は、土地の取得をめぐって読売新聞によって糾弾された際には、「読売菩薩《ぼさつ》論」を唱え、それを教団のあり方に対する警告ととらえるほど穏健《おんけん》な教団である。若い久保木にはそれが物足りなかったのではないだろうか。久保木とともに立正佼成会から旧統一教会に数十人の青年が移ったとされる。

久保木たちは、自分たちが感化された旧統一教会の修練会をくり返し開催し、それによって信者を増やしていった。最初期の幹部が立正佼成会の出身であったことは、後に旧統一教会が霊感商法に手を出すことに結びついた。立正佼成会は先祖供養を活動の中心においており、先祖の霊を供養するという観念が霊感商法で活用されたからである。

エリートを魅了したマルクス主義に対抗する「統一原理」

久保木が旧統一教会の初代会長になったのは1964年のことである。1959年には安保闘争が勃発し、1960年代は、左翼の政治運動、学生運動が隆盛を極めた時代だった。そんななか、旧統一教会の創立者であった文鮮明《ぶんせんめい》は、1968年に韓国で国際勝共連合を発足させ、すぐに日本でも同じ組織が結成された。

朝鮮半島は、戦後、南北に分断され、北には社会主義、共産主義の政権である朝鮮民主主義人民共和国が成立した。東西の冷戦構造が深まっていくなかで、南の大韓民国は、北朝鮮という共産主義の国家と直接に対峙《たいじ》することとなった。国際勝共連合の発足も、共産主義の勢力に対抗するためのものであり、日本国内では、日本共産党に対抗する活動を展開することがその使命となった。

左翼の政治運動・学生運動と対峙する勢力としては、もう一つ、戦前に生まれた右派《うは》的な新宗教である「生長の家」が組織した、「生長の家学生会全国総連合（生学連《せいがくれん》）」があった。旧統一教会の場合には、その学生組織である「原理研究会（原理研）」が生学連と同じ役割を果たし、日本共産党の青年組織である「日本民主青年同盟《にほんみんしゅせいねんどうめい》（民青《みんせい》）」に対抗する活動を展開した。

国際勝共連合では、ボートレースを主催する日本船舶振興会《にほんせんぱくしんこうかい》の笹川良一《ささかわりょういち》が名誉会長に就任し、元首相の岸信介《きしのぶすけ》や政財界の黒幕とも言われた児玉誉士夫《こだまよしお》が発起人《ほっきにん》となった。これによって、旧統一教会は右派的、保守的な政財界人と密接な関係を持つことになった。

原理研のメンバーになったのは、主に大学生だった。１９５０年代の大学進学率は10パーセント弱で、１９６０年代でも10パーセント台だった。つまり、大学に進学した人間は少数派で、社会のエリート層を構成していたのである。

原理研の名前は、旧統一教会の教義である「統一原理」を学ぶことに由来する。彼らは自分たちで統一原理を学ぶだけではなく、街頭に黒板を持ち出して、そこで講義を行った。私も、おそらく高校生の時のことだったと思うのだが、新宿のハルク（当時は小田急《おだきゅう》百貨店）の前の路上で、原理研のメンバーが黒板を使って講義をしている風景を目撃した記憶がある。

1967年7月7日付の『朝日新聞』は、「親泣かせの『原理運動』」と題された記事を掲載した。この記事を通して、原理研のことが広く知られるようになったのではないかと思われるが、原理研の活動にのめり込むあまり、大学での学業を放棄したり、家出するような学生が数多く現れた。ただ、原理研に加わった大学生の多くは地方出身者だったと思われるので、下宿を出て、「ホーム」と呼ばれるメンバーが共同生活する場に移ったということだろう。

統一原理は、キリスト教の原罪の考え方をもとに、人類の歴史を独自に解釈する教えで、その内容はかなり難解なものであった。左翼の学生運動家の方は、マルクス主義独特の難解な用語を使って相手を仲間に引き込む「オルグ」の活動を行ったが、統一原理はマルクス主義に対抗しうるイデオロギーとして原理研のメンバーに受け取られた。だからこそ原理研は、知的なエリート層の大学生を引きつけることができたのである。

廃品回収、花や珍味の押し売りから偽りの募金へ

創価学会など、戦後に急成長した新宗教の信者となったのは、小学校や中学校しか出ていない人間たちだった。戦前においては、義務教育は小学校までだった。その点で、原理

研のメンバーは学歴の面で恵まれていた。初期の原理研に集まってきたのは、マルクス主義には魅力を感じることがなく、むしろそれに反発するものの、世界を変革するための理論を求める知的エリート層だった。こうした人々は、宗教二世ということばが生まれてから、現在の教団では「一世」と呼ばれるようになった。

こうした一世の信者の場合、原理研に入った時点で大学生であったり、大学を中退した人間であったりした。それは、彼らに経済力がなかったことを意味する。そのため、彼らは資金集めのために廃品回収を行った。久保木は、その回顧録『愛天愛国愛人《あいてんあいこくあいじん》—母性国家、日本のゆくえ』(世界日報社《せかいにっぽうしゃ》)のなかで、「そのころの教会活動と言えば、廃品回収、いわゆる『くず屋』です。それと路傍伝道《ろぼうでんどう》でした。伝道活動にはお金が必要です。かと言って、みんなが就職したりアルバイトをすれば、伝道する時間がありません。それで、自由な時間に働いて、自由な時間に伝道するには、『くず屋』が一番でした」と語っている。

彼らが廃品回収の仕事ばかりをやっていたのなら、後に旧統一教会がカルトと呼ばれ、社会から強い批判を受けることもなかったであろう。

ところが、旧統一教会は集団でキャラバンを組み、各地に出かけていって珍味売《ちんみう》りや花売りを行うようになる。これは、その時代にはまだ存在した「押し売り」の一種で、珍味や花を安く仕入れて、各家庭を訪問し、それを高額で売ったのだ。下宿していた私のアパートにも、そうした人間がやってきたことがある。当時は広範に行われていた。

さらに、旧統一教会は偽《にせ》募金にも手を染める。これは街頭で行われた募金である。募金によって集められた金は、普通は、特定の目的のために使われる。募金活動をする人間たちは、目的を明確にし、また、どういう団体がそれを行っているかを明らかにしている。

旧統一教会の偽募金も、一応、恵まれない子どもたちのために行っているなどと目的は示し、また、団体名も明らかにしていた。その団体は実際に存在するもので、信者はその組織の身分証を携帯し、冊子も配っていた。

しかし、実際には実在する団体との関係はなく、募金で集めた金はすべて教団のものになった。さらには、同じように、教団に金を吸い上げるためチャリティー・バザーを開くこともあった。

募金をやっている信者たちは、かなりしつこく、また、家までやってきて募金を求めたりした。ただし、それは旧統一教会の信者がやっていることだと多くの人たちには認識されていた。

霊感商法は「悪魔世界からの正しい金の回収である」

こうした、正体を隠しての活動は、大学のキャンパスで行われる勧誘でも見られた。私が大学に入学したのは1972年のことになるが、その時代は、まだ学生運動の余波があり、新左翼のセクトによるオルグが盛んだった。そこに原理研も交じっていた。東大の本郷《ほんごう》キャンパスでは、総合図書館の前に、毎日のように大学生よりは年上の女性が立っていて、行き交う学生に声を掛けていた。彼女たちは原理研や旧統一教会の名前は出さなかったものの、実際に勧誘されてついていった人間からの情報で、旧統一教会の勧誘だということはほとんどの学生が把握していた。

私は1979年頃のことだったと思うのだが、一度、そうした勧誘にわざとつかまってみたことがあった。当時の私は大学院の修士課程に在籍し、宗教学を学んでいたが、旧統一教会について研究してみようかと思ったりもしていたからだ。事前に、統一原理を説いた『原理講論《こうろん》』も読んでいたし、その修練会に参加した社会学者塩谷政憲《しおやまさのり》の論文、「原理研究会の修練会について」（『現代社会の実証的研究　東京教育大学社会学教室最終論文集 続』1977年）も読んでいた。塩谷は3泊4日の修練会に参加し、それが世間で言われるような洗脳《せんのう》の場ではないと結論づけていた。

勧誘につかまると、大学の近くのビルに連れていかれ、そこで出会った信者に誘われ、大学の近くにあったホームに行った。ホームは2階建ての一軒屋を借りたもので、2階が講義室になっていた。私はそこで1時間半にわたって統一原理の講義を受けたのだが、あまり興味深いものには感じられず、二度とそこを訪れることはなかった。講義は、講師が一方的に話し続けるもので、かなり熱心だった。

珍味売りや花売り、あるいは偽募金の延長線上に霊感商法があった。旧統一教会が霊感商法をはじめたのは1970年代のことで、1980年代に入って問題視されるようになった。霊感商法においては、あの世で苦しんでいる先祖の霊をなぐさめる必要があると説かれ、それで印鑑や壺、多宝塔《たほうとう》などが適正な価格より、はるかに高い値段で販売された。

先祖の霊を持ち出すなど、そもそもキリスト教を標榜《ひょうぼう》していた旧統一教会の信仰とは無縁であるはずだ。ただ、そこにはすでにふれたように、立正佼成会の先祖供養の考え方が影響していた。

いかなる手段を使っても、高額な金を集めようとする活動の背後には、旧統一教会の教義があった。

それが、統一原理のなかで説かれた、「万物復帰《ばんぶつふっき》」の教えである。かつて旧統一教会の信者だった哲学者の仲正昌樹《なかまさまさき》は、その時代を回顧した『統一教会と私—挫折、幻滅、そして希望。』（論創社）という本のなかで、あらゆるもののなかで、人間が一番執着するのは金であり、物を売って、一般の人たちが生きている「サタン世界」から、金を回収し、その金を教団に献金することで、「万物が象徴的に神の元に復帰する」のだと、万物復帰の考え方が霊感商法を正当化するために使われた経緯を説明している。

サタンと神の「善悪二元論」が行為を正当化する

このサタンの世界と神の世界を対比させることは、統一原理で説かれたことで、旧統一教会の根本的な世界観にもとづいている。信者は、自分たちが神の側にあると考え、一般の社会はサタンの側にくみしていると考える。

サタンと神を対比させる考え方は、さまざまな宗教に見られる「善悪《ぜんあく》二元論《にげんろん》」の一つである。ペルシア、今のイランに生まれたゾロアスター教やマニ教は、この善悪二元論を説いていた。

キリスト教は、神の絶対性を強調することによって、善悪二元論を克服しようとしてきた。しかし、キリスト教の歴史のなかではくり返し善悪二元論を唱える人物、あるいは集団が現れた。中世最大の異端とされたカタリ派などがその代表である。カトリック教会は、そうした異端と戦い、ときにはその殲滅《せんめつ》をめざした。その点では、オーソドックスなキリスト教からすると、旧統一教会は紛れもない異端ということになる。

なぜ善悪二元論が台頭《たいとう》するのか。

それは、善悪二元論の方が、この世に悪が出現する理由を説明しやすいからだ。旧統一教会では、彼らにとって悪いことはすべてサタン、あるいはサタン側の陰謀によるものととらえられてきた。逆に、自分たちが神の側にあり、教団の活動は、たとえどんなことでも神の側を支援することに結びつくと解釈されてきたのである。

そうした世界観を信奉する旧統一教会の信者は、現実の世界はサタンによって操られており、滅ぶべきであると考える。そうなると、たとえ世間の常識からすれば間違った行為をしてでも現実の世界で金集めを行い、それを教団にもたらすのは善なる行為ととらえられることになる。

偽募金をするよう命じられた信者は、最初は、不正に手を染めることに抵抗を感じる。しかし、教団には万物復帰の教えがあり、いかなる手段を使ってでも、サタン側から神側へ資金を復帰させる、つまりは回収することは正しいのだと教えられる。そうすると、次第に教えに従って、自らの行為を正当化するようになる。正体を隠して布教する場合も同じである。

これが霊感商法になれば、そこで売られる壺や印鑑の代金は、数十万、さらには数百万になることもある。したがって、壺や印鑑には霊力があり、先祖の祟《たた》りを解消したり、悪霊を払う効果があるということを、買う側に納得させなければならない。

そのためには、売る側自身が、壺や印鑑にはたしかに効力があることを信じていなければならない。あるいは、信じているふりができなければならない。霊感商法にたずさわる信者は、信仰の面で実績をあげ、周囲から信頼されていなければならなかった。仲正自身は、むしろそれとは真逆の立場にあったため、「霊的な商品の販売をやらせてもらえない。私など、最初から論外だった」と述べている。

たんに人を騙《だま》し、高額な壺や印鑑を売るということだと、詐欺師と変わらない。そこに万物復帰の考え方を説かれることで、彼らにとって詐欺はむしろ立派な宗教行為に変貌する。霊感商法にたずさわる信者は、それをくり返すことで、教えをより深く内面化させていく。そうなると、詐欺を不正だと考えないばかりか、正しい教えの実践ととらえ、その方向に突き進んでしまうのである。

共産主義の弱体化、やがて訪れた「ベルリンの壁」崩壊

霊感商法が行われるようになった1970年代には、旧統一教会をめぐる社会的な状況は、国際勝共連合が創設された1960年代末とは大きく変わっていた。左翼の学生運動は下火になり、共産主義の脅威も次第になくなってきた。国際勝共連合の名誉会長になった笹川良一も、1972年にはその地位を退いている。

当時の笹川は、全日本空手道連盟《ぜんにほんからてどうれんめい》の活動に熱を入れ、共産圏との交流も行わなければならないというのが退いた理由だった。しかしそこには、左翼の運動を抑えるための旧統一教会の存在意義が薄れたことも影響していたはずだ。

そもそも、旧統一教会・原理研が、日本共産党・民青と対決しようとしても、その組織力には大きな開きがあった。民青の同盟員は、最盛期で20万人に達していた。原理研の動員数となれば、その1割にも満たなかったであろう。実際、仲正の著書を見ても、原理研は民青にやられてばかりいたように書かれている。

私も、大学に入学した直後、東京大学の駒場《こまば》キャンパスで原理研が集会を開いているのに接した。すると、大学の自治会を握っていた民青の学生たちがやってきて、原理研のメンバーをなぐりはじめた。大学で実際に暴力がふるわれる場面を目撃したのは、このとき

だけだが、原理研の方がはるかに劣勢だったことは間違いない。

しかも、共産主義の中心にあったソ連は、1978年からはじまったアフガニスタン紛争に介入したことで、経済が圧迫され、それがやがてはソ連の崩壊に結びつく。1989年にはベルリンの壁崩壊という出来事も起こり、東西の冷戦に終止符が打たれることになった。それは、国際勝共連合がめざしてきた反共《けんきょう》の運動が意味を失ったことでもあったのだ。

バブル経済の反動である純潔と合同結婚式

旧統一教会について最初に大々的に報じられたのは1992年だった。90年代は、序章でも見たように、カルトが世界的に問題になった時代だった。

1992年8月25日、韓国のソウルで「3万組国際合同祝福結婚式」が開催された。旧統一教会信者の合同結婚式は、すでに1960年から行われていたが、1万組を超える参加者を集めたのははじめてだった。

しかも、この合同結婚式には、日本からアイドル歌手で女優の桜田淳子、元新体操のオリンピック選手、山﨑浩子らが参加したため、大きな注目を集めた。桜田のファンには衝撃を与えたが、彼女が入信したのは姉の影響だった。

翌年には、このうち山崎が脱会するという出来事が起こり、これも大きな話題になった。その際に、山崎は教団によって「マインド・コントロール」されていたのだと報じられ、このことばにも注目が集まった。桜田の方は、その後、教団の集会やイベントに参加し、講演なども行ったことから、「統一教会の広告塔」という批判を浴びることになった。しかし、信仰を続け、今日に至っている。

最初、旧統一教会の信者となったのは、統一原理という教義に強い魅力を感じたり、反共運動に共感した人々だった。男子の大学生が中心であり、サタンの手先である共産主義の勢力や日本共産党を撲滅することを目的とし、暴力的な行動も辞さなかった。

合同結婚式には、そうした人間たちも参加し、同じ信仰を持つ伴侶《はんりょ》を見出していった。しかし、そのためには、桜田のような女性の信者の存在が不可欠《ふかけつ》になる。合同結婚式に参加するのは、旧統一教会の信者に限られるからである。

旧統一教会に入信し、合同結婚式に参加した女性たちも、修練会に参加することで統一原理を教えられている。だが、彼女たちが反共運動に関心を持ったとは思えない。しかも、1992年に合同結婚式が開かれた時点では、ソ連も崩壊し、東西の冷戦には終止符が打たれていた。

　これは、旧統一教会への入信動機が、初期の時代とは大きく様変わりしたことを意味している。男性ではなく、女性たちの数が増え、彼女たちは、合同結婚式に参加できるということに意義を見出すようになったものと推測される。

　旧統一教会の側は、合同結婚式ではなく、「祝福」ということばを使うが、その意義については、「一般的な結婚は、神様と連結されていません。本来神様を中心とした結婚は祝福であり、その結婚は神様も喜ばれ、天使《てんし》世界《せかい》と万物も踊りを踊り、両家の家族、氏族皆が祝賀《しゅくが》するようになっています」と説明している。一般的な結婚は、結婚する2人だけが良ければいいという考えにもとづくが、祝福による結婚は真の愛が動機となっているというのである。

　旧統一教会では純潔の重要性が説かれるようになった。祝福によるものだけが正しい結婚であり、不倫《ふりん》などは徹底して否定され、婚前交渉《こんぜんこうしょう》、さらには結婚前の恋愛についても好ましいとは考えられていない。1992年の合同結婚式の際には、教祖である文鮮明が一方的に結婚相手を決めるとされたが、現在では、教団の側から提案された相手を断ることもできるようになっている。

合同結婚式の騒ぎが起こったのは、1990年代はじめのことであり、日本はバブル経済の時代だった。バブル崩壊は、1989年末に当時最高値をつけた東証株価指数が年明けに暴落したことをさすが、実際には、地価の値下がりなどはそれより後のことで、金余りの風潮は1997年の金融危機まで続いた。

バブル経済のはじまりは、1985年のプラザ合意からとされるが、これも実際には、それ以前の段階からバブルが膨らんでいた。異常な経済の膨張は、金余りの風潮を生むだけではなく、性をめぐる倫理的な堕落《だらく》をも引き起こした。

そうした風潮についていくことができない女性にとって、純潔を強調する旧統一教会の教えは魅力あるものに映り、それが合同結婚式への参加に結びついた。合同結婚式の相手として、韓国人の男性が選ばれることが多かったのも、日本からは男性より女性の参加者の方がはるかに多かったからであろう。あるいは、それ以外の国の出身者の場合もあった。

旧統一教会の入信者は、初期の時代とは大きく変化していた。ただ、その時代の女性の入信者は、今は韓国をはじめ海外で生活しているわけで、日本にいることは少ない。

統一原理から「霊界」への教義のシフト

また、信者の層だけではなく、1990年代に入ると教義の面でも変化が見られるようになる。聖典として『原理講論』の比重がしだいに下がり、それに代わって文鮮明のことばを収録した『み言葉選集』をテーマ別に編纂《へんさん》した書物が刊行されるようになる。それは、2003年に『天聖経《てんせいきょう》』にまとめられ、毎朝これを訓読することが奨励されるようになった。『天聖経』では、霊界のことが中心に説かれている。

これに対応する形で、教団のなかで重要性が増したのが、1971年に韓国に設置された「清平《チョンピョン》 修練所」の存在である。その後、1990年代に入ると、そこでは大規模な開発が進められ、学校や病院、博物館、温泉施設、イベント会場などが作られた。現在ここは、「清平祈禱院《きとういん》」と呼ばれている。

祈禱院では、毎週末に2泊3日の修練会が開催されているが、そこに参加する圧倒的多数は日本人である。修練会の伝統は、旧統一教会が誕生してからあるわけだが、かつては、すでに述べたように、統一原理という教義の講義が中心だった。それに対して、祈禱院での修練会では、『大聖経』で説かれる霊的な事柄が中心になった。信者が貧困に陥っていたり、病気にかかっていたりした場合、その原因は先祖の霊の怨みに求められ、それを解くことが解決法として示される。先祖の怨みを解くことは「解怨《かいおん》」と呼ばれ、そうした治《ち》癒《ゆ》行為全体は「役事《やくじ》」と呼ばれる。

不幸の原因を先祖の霊の祟りに求めることは、日本の新宗教で広く見られることである。あるいは、新宗教以外の民間の宗教家の実践にも見られる。たとえば、新宗教のなかには、「手かざし」を行う教団があるが、私は昔、大学のゼミで、その光景を撮影した映像を見たことがある。手かざしを行うと、その対象となった人間はのたうちまわり、先祖の霊が現れて、怨みを語り出したのだ。

韓国には、「恨み(ハン)の文化」があると指摘されることが多いが、戦後、勢力を拡大した韓国のキリスト教には土着のシャーマニズムの影響が色濃い。その点については、崔吉城《チエキルソン》『キリスト教とシャーマニズム—なぜ韓国にはクリスチャンが多いのか』(ちくま新書)に詳しいが、私もそうしたことをテーマとする研究者の発表で、韓国のキリスト教の牧師や信者が儀式の最中に神憑《かみがか》りする映像を見せてもらったことがある。

キリスト教から儒教へと核が変化

性格は異なるものの、日本にも韓国にも、霊の文化があり、先祖の霊が子孫に対して強い影響を与えるという信仰が確立されてきた。どちらの国においても、家の存在が大きく、その束縛《そくばく》によって苦しむ人間が少なくないからである。

祈禱院での修練会がはじまった当初の段階では、従軍慰安婦《じゅうぐんいあんふ》や強制連行《きょうせいれんこう》された朝鮮の人々の「恨霊《おんりょう》」の救いが強調されていた。今日、旧統一教会が反日であるという批判を受けるのも、そうしたことが行われていたからである。しかし、次第にそうした面は薄れ、修練会に参加する日本人信者の病気治しや身の回りの問題の解決ということに主眼がおかれるようになっていく。

古田富建《ふるたとみたて》は、そうした変化には、「90年代まで教義の核心であった『原理講論』と大きな隔たりを感じざるを得ない」とし、「『原理講論』に見られる、神と人類の解放という『大きな物語』のための禁欲的な自己犠牲、歴史的な宿命を背負った使命感、それに伴う悲壮《ひそう》感といったものが、清平祈禱院からは感じられない」と述べている（「世界平和統一家庭連合（統一教）の天宙《てんちゅう》清平祈禱苑（清平祈禱院）と日本人信者―日本の宗教文化の影響を中心に」『東京大学宗教学年報』34、2016年）。

この章の冒頭で、世界基督教統一神霊協会から世界平和統一家庭連合への改称には意味があるという指摘を行ったが、旧統一教会において大きな物語が失われた点が、そこに反映されていたと見ることができる。とくに「基督教」ということばを省いたことは象徴的で、旧統一教会はキリスト教系の新宗教から、韓国や日本に根づいた儒教《じゅきょう》を核とした教団へと変貌したことを示している。

先祖の解怨は、日本でも広く行われてきた追善供養《ついぜんくよう》と共通している。追善供養とは、生前に十分に善を行うことができなかった死者に代わって、その子孫が供養をくり返し、善を追加していくものである。日本では、儒教の考え方が仏教に取り入れられることで、こうした儀式が生まれた。

日本の追善供養の場合、その対象となるのは、直近の死者である。具体的には、親や祖父母が供養の対象になり、それ以上に遡ることは少ない。「弔《とむら》い上《あ》げ」という考え方もあり、年忌法要《ねんきほうよう》は33回、ないしは50回で打ち切られる。それも、追善供養の対象がそれほど昔の先祖には遡らないからである。

ところが、旧統一教会の先祖解怨は、210代前、あるいは420代前まで遡る必要があると説かれることがある。それは、解怨のために必要な献金額が増えることを意味する。

2022年10月17日付の『読売新聞』では、7代分の解怨のため280万円を献金した夫婦の話が報じられているが、420代前までとなれば、膨大な献金額になることが予想される。

冷戦構造の終焉で存在意義を失う

こうした旧統一教会の変化は、政治とのかかわりにも及んでいる。

国際勝共連合が創設された1960年代末の時点では、保守的な政治家のなかには反共運動に対する大きな期待があった。だからこそ、元首相の岸信介が国際勝共連合の発起人となったわけで、岸は文鮮明とも直接交流を持っていた。

それは、岸だけのことではなく、国際勝共連合の立ち上げに深くかかわった笹川良一や児玉誉士夫、さらには、主に自民党に所属していた保守的な傾向の強い政治家全般に言えることだった。

1960年代から1970年代にかけて、政治運動や学生運動と言えば、左翼が中心で、旧左翼としての日本社会党や日本共産党、あるいは新左翼のセクトに多くの人間が結集した。左翼のイデオロギーは、基本的にマルクス主義の立場にあり、共産主義、社会主義の社会を実現することを目的としていた。しかも、冷戦構造に変化はなく、ソ連を中心とした共産主義国家の存在は、日本を含めた自由主義の国の人間には脅威だった。

左翼全盛時代において、勝共連合は貴重な存在だった。他に主な保守的な政治運動としては、戦前から続く新宗教、生長の家が組織した「生長の家政治連合」や生学連があるくらいだった。したがって政治家のなかには、国際勝共連合や原理研究会を支持し、その運動を支える者が少なくなかった。

国際勝共連合や原理研究会の側も、盛んに勝共のための大会や、日本共産党を糾弾する大会を開いた。ただ、そうした状況は、冷戦構造が崩れると大きく変わる。それは、1980年代の終わりから1990年代のはじめということになるが、すでに1970年代には政治運動や学生運動は鎮静化しており、旧統一教会の存在意義は次第になくなっていた。ソ連の解体は、その決定打となった。

共産主義国家としてのソ連が崩壊したことは、反共運動が勝利をおさめたことを意味する。その点では、旧統一教会が勝利宣言を出しても不思議ではなかった。

しかし、共産主義の脅威がなくなったことは、反共運動としての国際勝共連合や原理研究会、そしてそれを支える旧統一教会の存在意義もなくなったことを意味する。そうなれば、反共に共鳴する政治家の支援を取りつけることが難しくなる。

保守系議員のリップサービスと選挙協力という「ずぶずぶの関係」

そこで、旧統一教会では、文鮮明が電撃的に北朝鮮にわたり、金日成《きんにっせい》と会談し、経済的な支援を約束するという行動に出る。これは、旧統一教会の信者をも驚かせるパフォーマンスだった。それ以降、表向き、反共運動というよりも、国際的な平和運動としての性格を前面に出すようになる。

そして、いかに自分たちが政治的な力を持っているかを示す活動を盛んに展開するようになる。

旧統一教会の特徴は、さまざまな関連団体が存在することにある。旧統一教会のイベントということになれば、そこに政治家が出席することは難しい。旧統一教会が、霊感商法などを行ってきたことは周知の事実だからである。

しかし、関連団体のイベントであれば、旧統一教会が主催したものではなく、政治家の側もかかわっていきやすい。万が一、その点を追及されても、旧統一教会と関係があるとは知らなかったと言い訳もできる。そこで、頼まれれば、政治家はイベントに参加して講演や挨拶を行い、祝電を送ったりするようになったのである。

政治家は、票を稼げる機会があり、そこに呼ばれれば、どこへでも出かけていく。イベントで講演や挨拶をする際には、主催者を持ち上げる発言を行う。２０００年のこと、当時の森喜朗首相が、神社本庁などが組織した神道政治連盟の議員団である神道政治連盟国会議員懇談会で、「日本の国、まさに天皇を中心としている神の国」と発言し、問題視されたことがあったが、それも、神道政治連盟を意識してのリップサービスであった可能性が高い。

旧統一教会の側が、そうしたリップサービスをしてくれることを期待して、政治家をイベントに呼ぶ。実際、自民党の政治家のなかには、文鮮明やその妻、韓鶴子《ハンハクチャ》を、旧統一教会が主張するように「真の父母」であると絶賛する者もいた。2024年1月に政治資金規正法違反で逮捕、起訴された池田《いけだ》佳隆《よしたか》などは、その代表である。

ただ、そこまで政治家がリップサービスを行うのは、旧統一教会の側が、選挙の際に運動員を提供してくれたり、場合によっては秘書まで無償で提供してくれたりするからである。企業に勤めている人間なら、無償で働くわけにはいかないが、宗教団体の信者は、信仰活動の一環としてそうした活動を無償で行う。

そこに、安倍元首相の狙撃事件以来言われてきた、「ずぶずぶの関係」が生まれる原因があった。しかも、旧統一教会の側は、自分たちの活動に協力してくれるならば、票を回すことを匂わせる。自民党の政治家は、これまでさまざまな宗教団体の支援を受けてきた。

公明党と連立を組んでからは、いかに創価学会の票が自分たちが当選する上で死活問題になっているかを強く認識してきた。そこで、旧統一教会に頼れば、多くの票を確保できると見込むのである。

自民党議員たちは解散命令請求を食い止めなかったが……

すでに述べたように、旧統一教会の信者の数は、多く見積もっても数万人程度で、創価学会の100分の1程度である。しかも、信者は全国に散っており、海外にいる人間も少なくない。票を回してもらったからといって、それだけで当選できるわけではない。

では、旧統一教会は、自民党の政策に影響を与えてきたのだろうか。

その点を評価することは難しい。ずぶずぶの関係にあると指摘する人たちは、その可能性を示唆《しさ》している。しかし、保守的な思想を持っているという点で、もともと自民党と旧統一教会は共通したところがある。旧統一教会の側も、議員と関係を結ぶために、自民党の政策に擦り寄っている部分もある。

たとえば、憲法改正などの主張は両者に共通するが、自民党にはもともとそうした考え方が強くあり、決して旧統一教会の影響ではない。むしろ、生長の家の総裁であった谷口《たにぐち》雅春《まさはる》の、大日本帝国憲法への復元の主張の方が、自民党に影響してきた。

旧統一教会は、なんとか自分たちの力を実際よりも大きなものに見せようと奮闘してきたところがある。信者は、それに満足し、政治家がイベントに参加したり、祝電を送ってくれたら、神側がサタン側に勝利した証《あかし》だと受けとる。

もちろん、旧統一教会と関係を結んだ議員たちは、そうした世界観を共有していない。旧統一教会の世界観そのものを認識していない可能性が高い。

ずぶずぶの関係が強調されることで、旧統一教会の政治力が過大に見積もられる傾向が生まれたとも言える。しかし、解散命令請求が行われないよう必死にそれを食い止めようとする自民党の政治家は現れなかった。

ただ、問題は、解散命令請求の行方である。裁判所がそれを認めるのかどうか、舞台は司法の場に移された。

もし、解散命令請求が認められず、解散命令が下されなければ、旧統一教会は、その存在にお墨付きを得たことになる。それ以降、二度と解散命令請求を行うことは難しくなるだろう。

解散命令が下されたとしたら、逆に、かなり厄介な事態が生まれる可能性もある。

宗教法人が解散になっても、宗教活動はできると言われてきたが、解散命令が下されると、教団の財産の清算が行われる。教団が、霊感商法の被害者や、高額献金を行ってきた元信者に対して損害賠償を行う必要があり、その額が教団の資産を超過すれば、教団は破産する。そのときに教団が解散していれば責任を負う主体がなくなってしまい、損害賠償はなされなくなる。

これと同じことはオウム真理教が解散になったときに起こった。そこで無差別大量殺人を行った教団を対象として、賠償を行わせる法律が新たに設定され、後継教団との間に契約が結ばれた。最初はそれに従って賠償が行われたが、現在ではアレフは応じなくなり、財産隠しを行っている、と公安調査庁はみなしている。旧統一教会については刑法にさえ違反していないので、そうした法律をあてはめるのも、新たに法律を設定するのも難しい。被害者の救済に宗教法人の解散が役立たない可能性がある。

さらに難しいのは、資産を超過しなかった場合で、今まではそうした形での宗教法人の解散はなかった。

また、教団が破産となれば、信者は本部や教会を失う。そうなったとき、彼らは抵抗するであろう。無抵抗でそれらを明け渡すとも思えない。

旧統一教会問題の解決までの道のりは、相当な困難を伴うことが予想される。しかも、宗教法人が解散になっても、関連団体はいっさい解散にはならない。現在の憲法下では、国際勝共連合のような政治団体を解散させることは、破壊活動防止法などを適用しなければできないからである。

解散命令は問題の解決には結びつかず、かえって問題を複雑化させることになるかもしれないのである。

第2章

オウム真理教

当初は宗教ですらなかったが、カルトの典型に変貌

オウム真理教は、サリンを使った無差別大量殺人を敢行し、多くの死傷者を出した。その結果、教祖や多くの幹部、信者が逮捕され、宗教法人は解散になった。

しかし、オウム真理教の教祖、麻原彰晃の教えに従う人間たちは、その後も活動を続けている。後継教団となったのが、アレフ、ひかりの輪《わ》、そして、公安調査庁が「山田《やまだ》らの集団」と呼ぶグループである。いずれも宗教法人にはなっていない任意団体で、「無差別大量殺人行為を行った団体の規制に関する法律（団体規制法）」のもと、観察処分の対象になってきた。アレフについては、2023年9月に、観察処分よりも重い再発防止処分が下されている。

その点で、オウム真理教はカルトの典型であり、後継教団は依然としてカルト性を強く持っていると考えられる。

しかし、オウム真理教が発足当初の段階からカルトであったわけではない。そもそもオウム真理教はヨーガの道場としてはじまったのであって、宗教でさえなかったからである。

急速な拡大と殺人を肯定する教義

麻原彰晃が東京の渋谷《しぶや》にヨーガの道場を「オウムの会」として開いたのは1984年2月のことだった。この時期、日本はバブル経済の時代に突入しようとしていたが、それと併行するように、オウム真理教は勢力を拡大し、1995年には地下鉄サリン事件を引き起こすに至る。その時点で、オウム真理教の在家《ざいけ》信者は1万4000人ほどで、出家者は1400人に達していた。富士山麓《ふじさんろく》には「サティアン」と呼ばれる拠点《きよてん》が築かれ、ロシアでは日本よりも多い3万人の信者を抱えていた。オウム真理教の誕生から破滅までの期間は10年をわずかに超える程度であり、その拡大スピードはあまりに速かった。

なぜオウム真理教は急速にその勢力を拡大したのだろうか。もちろん、その勢いは、高度経済成長時代に巨大教団へと発展した創価学会などとは比べ物にならない。だが、オウム真理教には、一流の大学を卒業したエリート層が多かった。それは、創価学会などには見られなかったことである。

それ以上の謎は、なぜヨーガの道場が、最終的に無差別大量殺人を敢行するテロ集団に変貌したかである。サリンは「貧者《ひんじや》の核兵器」とも言われる。そのことばに示されているように核兵器に比べれば製造費用は安価なわけだが、民間の宗教団体がサリンを製造し、それを使用するなどということはそれまでないことだった。

オウム真理教がさまざまな事件を引き起こすまでの過程について、私は、2001年に刊行した『オウム　なぜ宗教はテロリズムを生んだのか』（トランスビュー、現在は『オウム真理教事件I・II』として同じトランスビューから出ている）で分析を行った。

私は、この本を書くにあたって、オウム真理教が事件後に刊行した『尊師ファイナルスピーチ』という麻原の著作物や説法などを収録した大部の4巻本すべてに目を通した。それによって、オウム真理教がどういう経緯を経て危険な行為に及び、殺人を肯定する教義を形成していったのかを明らかにすることができた。

ヨーガ道場の時代に会員から「先生」と呼ばれていた麻原は、1986年7月に2カ月にわたってインドに滞在して修行を行い、その間にヒマラヤの山中で解脱《げだつ》を体験したと称するようになる。麻原は、『生死を超える』という自身2冊目の著書のなかで、その際の解脱体験について語っていた。

その時期にはすでにオウムの会は「オウム神仙《しんせん》の会」に発展していたが、『生死を超える』を刊行した直後の1987年6月には「オウム真理教」に改称されている。宗教教団としての性格を強く打ち出すことになったのである。

激しく厳しい修行中に事故死した一人の信者

会員のなかには、宗教教団になることに反対する者もいて、離脱者も出たが、教団には多くの若者たちが集うようになり、麻原は精力的にセミナーを開催し、説法をくり返した。その結果、1988年8月には、静岡県富士宮市《ふじのみやし》に「富士山総本部道場」を開設するまでに至る。

麻原自身は、ヨーガの道場をはじめる以前に結婚しており、子どももいた。したがって、在家の立場にあったわけだが、集まってきた若者のなかには道場に泊まり込んで修行を行う者も出てきた。そのため、出家の制度が誕生する。出家した信者は「サマナ（沙門《しゃもん》）」と呼ばれるようになる。

宗教教団としての性格を帯びるようになったオウム真理教において、修行の中心はヨーガであり、そこにチベット密教の要素が加えられた。新宗教のなかには、修行を実践させるようなところもあるが、オウム真理教ほどそれに力を入れた教団はなかった。そこが魅力となり、多くの若者たちが集まってきたわけだが、もう一つ、バブル経済の膨張による金余りの風潮についていくことができない人間たちに、それとは大きく異なる精神性を深めてくれる生き方を提示したことが信者を引きつける要因になっていた。

若者たちは、長い年月をかけてじっくりと修行に取り組むのではなく、即効性を求めた。オウム真理教の修行は、それに応じるように激しさを特徴としていた。セミナーでは、朝から深夜までそうした修行が続けられた。禅《ぜん》の道場である永平寺《えいへいじ》などでも、そこで修行する雲水《うんすい》たちは早朝から深夜まで修行を続けるわけだが、オウム真理教の修行は、坐禅《ざぜん》のような瞑想《めいそう》だけではなく、立位《りつい》礼拝《れいはい》や呼吸法を含めた激しいものだった。しかも、これは永平寺とも共通するが、食事の量や睡眠時間もかなり制限されていた。

それが結果的に、一つの重大な事件を引き起こすことになる。

富士山総本部道場が開設されて1カ月半ほど経った1988年9月下旬のことだった。在家の信者として修行に参加していた男性が、突然、道場のなかを走り回り、大声を上げて叫び出すという出来事が起こる。それに対して出家信者が水をかけたり、顔面を浴槽の水につけたりした。もちろんそれは、在家信者を正気に戻すための試みだったわけだが、結果的に信者は死亡してしまった。

これは、信者が死亡しているわけだから、重大な事件である。ただ、意図的な殺人ではない。したがって、事件が起こった当初の段階で教団がこの事実を公にしていたとしたら、責任を問われたにしても、殺人罪が適用されることはなかったはずだ。他の宗教団体でも修行中に亡くなる信者はいる。それによって教団は大きなダメージを被り、教団の発展にブレーキがかかっただろうが、最終的に無差別大量殺人に行き着くことはなかったのではないだろうか。

幹部たちの隠蔽工作と、漏洩を恐れての信者の殺害

ところが、その時期は、宗教法人としての認証《にんしょう》を受けるために東京都と事前準備の折衝《せつしょう》を行っていた最中だった。事件が明るみに出ると、認証されなくなるのではないか。それを恐れた麻原は、亡くなった信者の遺体をドラム缶を使って焼却させ、遺骨《いこつ》は近くの精進《しょうじ》湖《こ》に捨てさせた。

この死亡事故の隠蔽《いんぺい》が、すべてのはじまりだった。

企業による組織犯罪の場合にも、やはり隠蔽からはじまる。秘密を抱えるようになった集団は、なんとかそれが外部に漏れないよう策を弄《ろう》するようになり、さらに秘密を抱えることになっていくからだ。

事故と隠蔽工作について知る者は、教祖と数人の幹部に留まっていた。ところが、たま

たま信者が死亡した現場に居合わせた出家信者が一人いた。その人物は、教団の修行のあり方に疑問を抱くようになり、脱会を申し出てきた。麻原は幹部に指示して、翻意させようとしたが、拒まれた。そこで、秘密の漏洩を恐れて、その出家信者を殺害してしまったのだ。

殺害のやり方は、出家信者の首にロープを巻き、それを4人の幹部が2組に分かれて引っ張るというものだった。犯行にかかわったのは、早川紀代秀《はやかわきよひで》、新實智光《にいみともみつ》、岡崎一明《おかさきかずあき》、村井秀夫《むらいひでお》で、いずれも事故死した在家信者の遺体遺棄に関与していた。ロープで巻かれた出家信者が抵抗したため、新實が頭と顎の部分を押さえ、首を捻じった。これで出家信者は亡くなる。教団は最初の殺人を犯したのである。

犯行に関与した幹部たちは、事故死が明るみに出ることを恐れたわけだが、彼らは、ヨーガの修行をするためにオウム真理教に入信したわけで、自分たちが殺人を犯すとは考えてもいなかった。彼らはもともとは決して凶暴な人間たちではなかった。したがって、殺人を犯したことに激しいショックを受けたに違いない。

そこで麻原は、殺人の直後、それを正当化する教義を説くようになる。

「ポア」の思想と坂本弁護士殺害事件

麻原は説法のなかで、これから悪業を行う可能性がある人間を殺害することは、悪を事前に防ぐことになり、しかも、その魂をより高い世界に生まれ変わらせることになるので本人のためにもなると説き、それを「ポア」と呼んだ。麻原は、こうしたポアについての説法を3度行っているが、いずれもこの事件の直後に限られる。犯行にかかわった新實は、後に自らの公判で、自分も修行を積んできたので、出家信者の魂を高い世界に転生させる力を備えていると考えたと証言している。

殺人を犯したことが、殺人を正当化する教義を生み出し、それが一部の信者たちに受け入れられた。オウム真理教は、チベット仏教の影響を強く受けており、ポアの考え方もそこに由来した。このことが、さらに坂本弁護士一家の殺害に結びついていく。

オウム真理教が勢力を拡大し、出家信者の数が増えていくことで、子どもたちが出家してしまい、居所が分からないという事態が生まれた。これは、旧統一教会のことが最初、「親泣かせの『原理運動』」として報じられたのと共通している。

その相談を受け付けたのが坂本弁護士だった。そして、そのことを『サンデー毎日』誌が報じた。1989年10月のことで、そこでは麻原の生き血を高い布施《ふせ》をとって飲ませていることも問題視された。オウム真理教のことが広く知られるようになるのは、『サンデー毎日』誌が糾弾キャンペーンを続けたからで、私もそれを通してオウム真理教の存在を知った。

坂本弁護士は、その直後の10月21日、「オウム真理教被害者の会」を発足させ、教団の弁護士と交渉を行うようになるが、11月4日に坂本弁護士一家が失踪したことが明らかになった。

当初の段階から、一家の失踪にオウム真理教がかかわっているのではないかと疑われた。実際、その通りだったわけだが、捜査にあたった神奈川県警が、人権派とされる坂本弁護士との関係がよくなかったせいもあり、十分な捜査を行わなかった。私は一度、地下鉄サリン事件の直後に坂本弁護士の母親とテレビ番組で同席したことがあったが、「警察は十分に捜査してくれなかった」と嘆かれていたのをよく覚えている。

麻原が、事故死の隠蔽や最初の殺人に関与した幹部に坂本弁護士一家の殺害を命じたのは、被害者の会の活動が教団にとって大きなマイナスとなると判断したからだが、週刊誌の糾弾キャンペーンが続くなかでの犯行は、あまりに大胆なものだった。

しかし、警察の怠慢によって犯罪は見過ごされた。オウム真理教が坂本弁護士一家を殺害していたことが明らかになったのは、地下鉄サリン事件以降のことである。事故死を隠蔽しても、信者を殺害しても、さらには弁護士一家を殺害しても、犯行はばれなかった。それは、麻原や一連の犯行にかかわった幹部たちにとって、一種の「成功体験」になった。

幹部たちにしてみれば、犯行が明るみに出ることを強く恐れていたに違いない。坂本弁護士一家殺害事件の場合には、実際、捜査の手はオウム真理教に及んだ。犯行に関与した一人、岡崎が、3億円の現金や預金通帳をもって教団を脱走し、犯行を匂わせる手紙を坂本弁護士が所属していた弁護士事務所や神奈川県警に送りつけ、警察の捜査を受けている。

それでも、オウム真理教の犯罪とされなかったのは、グル（尊師）である麻原に特別な力があるからだと、幹部たちは考えるようになった。オウム真理教の教団は、教祖や一部の幹部たちが重大な秘密を抱えただけではなく、殺人を正当化する教義を生み出し、隠蔽できたという成功体験を重ねることで、麻原の力を過大に評価するようになっていった。

そこが、企業による組織犯罪との根本的な違いであった。

「無差別大量殺人」も苦行であるからこそ修行となる

オウム真理教の信者たちを犯罪へと駆《か》り立てた教義はポアだけではなかった。もう一つ重要なものが、「マハー・ムドラー」の教えだった。マハーとは、マハー・ヤーナが大乗を意味するように、大きいことを意味する。一方、ムドラーは、仏や密教の修行者が結ぶ印のことで、全体として大印という意味になる。チベット密教において、マハー・ムドラーは特別な修行を意味した。

オウム真理教においては、マハー・ムドラーは独自に解釈された。教団のなかで、信者が果たさなければならない仕事は「ワーク」と呼ばれたが、苦をともなうようなワークに修行としての意味が与えられ、それがマハー・ムドラーと位置づけられたのである。

マハー・ムドラーを課すのはグルの麻原である。しかし、グルは、それがマハー・ムドラーであるかどうかを明かさない。明かしてしまっては、手品の種明かしをするようなものだからである。そこで信者の側は、苦しい修行や自分がやりたくない仕事に直面したとき、それをマハー・ムドラーの試練としてとらえた。

殺人もまた、それを実行する人間には苦である。苦であるからこそ、それを実践し、試練を乗り越えていかなければならないと、信者たちは考えた。マハー・ムドラーの教えは、後に信者たちを無差別大量殺人に駆り立てることになっていく。しかも、そうした殺人は、あくまで命を奪われる人間の魂をより高い世界に転生させるポアとして正当化されたのである。

教団のなかでは、信者たちはさまざまな仕事をこなしていかなければならなかった。施設を作り、それを維持していくにはどうしても作業が必要である。ところが、オウム真理教の信者たちは、修行に専念できるからこそ出家したのであって、作業はできるだけしたくないと考えていた。そこで、作業に修行としての意味が与えられ、マハー・ムドラーの教えが確立されたのである。

カルトと言うと、独裁的な教祖のもと、信者たちは教えを盲信し、その命令に忠実に従っているというイメージがあるかもしれない。カルトを扱った映画では、たいがいそうした描かれ方をする。

ところが、オウム真理教の信者たちが法廷で行った証言などを見ていくと、彼らの出家後の生活が決してそのようなものではないことが明らかになっていく。強く命じられれば、それに従うかもしれないが、やりたくないことはやらず、好き勝手に修行を行っていた。そこには、麻原が自分に近い幹部たちには厳しいが、一般の信者には優しく接したことも影響していた。

にもかかわらず、最終的にオウム真理教はサリンを使っての無差別大量殺人に行き着いた。それはなぜなのだろうか。

地下鉄サリン事件に至るまでの計画の数々の失敗

麻原は、強制捜査が行われるなか、1995年5月16日に逮捕され、17の事件で起訴された。翌1996年4月24日からは東京地方裁判所において裁判がはじまった。死刑判決が下されるのは2004年2月27日のことになるが、判決理由のなかで、1990年に行われた第39回衆議院選挙に「真理党《しんりとう》」を結党して、麻原をはじめとする25名の幹部が立候補したものの、全員落選したことの重要性が指摘されていた。

麻原は、落選直後、当選できなかったのは、票の操作が行われたからだと主張したが、東京地裁は、それによって麻原は社会に対する敵意を募らせ、それが教団の武装化に結びついたとした。

ただ、選挙への出馬は、麻原の思いつきで、十分に準備されたものではなかった。果してその落選が武装化に直結するものなのかどうか、その点は疑問である。

猛毒のサリンを製造し、それによって無差別大量殺人を敢行するには、綿密な計画がなされ、十分な準備が必要であった。たしかに、第7サティアンには、サリンを大量に製造するためのプラントが建設された。ところが、プラントは十分に機能せず、実際に犯行に使われたサリンは実験室で作られたものだった。

武装化を進める教団は、サリンを作り出すためにひたすら邁進したように見える。ただ、その製造の中心を担った教団ナンバー2の村井が率いる、教団の科学技術省《かがくぎじゅつしょう》が作り出そうとしたものは、地震を人工的に起こす装置や、重力の影響を受けないベッド、産業廃棄物を処理するためのミニブラックホール、潜水艦など、荒唐無稽《こうとうむけい》なものがほとんどだった。

したがって、教団のなかで、科学技術省が作ったものに対する評価は著しく低かった。使い物にならないものばかりだと考えられていた。サリンを製造する以前にもボツリヌス菌を使ったテロを1990年の段階で計画していたが、村井たちはその培養や撒布《さんぷ》に失敗している。毒性のあるボツリヌス菌を作り出すことができなかったのだ。

逆にこのことが、信者たちに重大な事件を起こさせることに結びついていく。

1994年6月、オウム真理教は長野県の松本市でサリンを撒布し、8名の死者を出した。これが松本サリン事件になるわけだが、犯行にかかわった信者たちは、それまでの経験から、自分たちが撒布したものが重大な被害をもたらすとは想像もしていなかった。いつものように失敗すると高を括っていたのだが、翌日、被害を伝える報道に接して驚愕《きょうがく》した。松本で犯行にかかわった信者の一人は、公判において、教団が生成したサリンを吸っても目の前が暗くなる程度だと考えていたと証言している。

そこが、地下鉄サリン事件の場合と大きく異なる。地下鉄でサリンを撒《ま》いた信者たちは、自分たちが無差別殺人を実行しようとしていることをはっきりと認識していた。すでに、松本サリン事件を引き起こし、教団の生成したサリンが猛毒であることを知っていたからである。

ところが、松本サリン事件にかかわった信者たちにはその認識がまったくなかった。認識があれば、簡単にはそれを撒布しなかったであろう。少なくとも重大な葛藤を抱えたはずだが、彼らは、自分たちの教団が製造したものは、効力がなく、無害だと考えていたので、簡単にサリンを撒布してしまった。ところが、サリンだけは完成しており、多くの死傷者を出すほどの効力を発揮してしまったのである。

天才化学者・土谷正実の存在

ではなぜ、教団はサリンを製造することができたのだろうか。

その点については、私が『オウム―なぜ宗教はテロリズムを生んだのか』を執筆した時点では、十分には明らかになっていなかった。麻原をはじめとする教団関係者の裁判も、まだ結審しておらず、審理は尽くされていなかったからだ。

2018年7月に、麻原をはじめとするオウム真理教の死刑囚13名に対して死刑が執行された。その直後に刊行されたのが、松本・地下鉄の両サリン事件について警察に協力した化学者のアンソニー・トゥーによる『サリン事件死刑囚―中川智正《なかがわともまさ》との対話』（KADOKAWA）という書物であった。

著者は、死刑に処せられた幹部の一人、中川智正と東京拘置所などにおいて15回にわたり面会し、教団がどのようにしてサリンなどの化学兵器を製造していったのか、その経緯を明らかにしている。

そこで明らかになってきたのは、教団の第二厚生省《だいにこうせいしょう》大臣になった土谷《つちや》正実《まさみ》の重要性だった。土谷は、筑波大学の大学院博士課程まで進んだ化学者であったが、交通事故で鞭打《むちう》ちになり、その治療のためにヨーガをはじめたのがオウム真理教に入信するきっかけだった。

教団には、生物兵器の担当者として遠藤誠一《えんどうせいいち》がいた。彼も死刑に処せられた一人だが、獣医で生物学の専門ではなかったため、生物兵器の製造に失敗した。そこで教団は化学兵器の製造に転換するが、その中心となったのが土谷だった。トゥーは、「土谷なしにはオウムの化学兵器を論ずることはできない。オウムにおける土谷の存在が松本サリン事件や東京地下鉄サリン事件を起こしたといっても過言ではない」と述べている。

土谷は、ブルガリア人のD・バチヴァロワとG・ネデルチェフによる『毒のはなし』(山崎紀美子訳、東京図書)という本を読んで、サリンを作ることに着目し、国会図書館や大学の図書館で文献調査を行い、サリンの製造方法を研究し、それを実行に移した。その過程で土谷はサリン中毒になったりもしたが、サリン以外に、ソマン、GF、マスタードガス、ホスゲン、VXといった毒ガスや幻覚剤の合成を行った。

実はトゥーは、1994年9月号として発売された『現代化学』という雑誌に、松本で使われたサリンやその他の神経ガスについて書いていた。トゥーは、悪用を恐れ、VXガスについてはかなり簡略化して書いていた。にもかかわらず、その記事を読んだ土谷は、1カ月後にVXガスを完成させている。土谷は幻覚剤も作っており、何でも作れる天才的な化学者だった。

この土谷という存在がなければ、いくらオウム真理教が無差別大量殺人を計画したとしても、それは不可能だった。その点で、土谷がオウム真理教に入信したことは、多くの悲劇を生むことにつながったのである。

警察の捜査を攪乱するために起こした地下鉄サリン事件

しかし、大きな問題は、麻原がなぜ無差別大量殺人を実行するために、生物兵器や化学兵器の製造を命じたかである。そうした命令がなければ、いくら土谷という天才がいても、オウム真理教は松本や地下鉄のサリン事件を起こさなかったはずだ。

地下鉄サリン事件の衝撃があまりに大きかっただけに、地下鉄で撒くためにサリンが製造されたと考える人もいるかもしれない。

しかし、それは違う。

地下鉄でサリンが撒かれたのは、オウム真理教の教団が、自分たちに対する強制捜査が近いという情報を得て、それを遅らせるためだった。1995年3月20日、霞ケ関駅を通過する地下鉄の車内でサリンが撒かれ、14人が亡くなり、約6300人が負傷した。

なぜ教団が強制捜査が近いという情報を得ていたのか。その点は必ずしも明らかにされていない。ただ、当時のオウム真理教には、現役の自衛隊員や警察官もいた。そうした人物から情報が漏れた可能性がある。

警察は松本サリン事件を捜査するなかで、オウム真理教がサリンを製造するための各種の薬品を購入していたことをつきとめた。さらに、1995年元日付の『読売新聞』は、第7サティアンの近くでサリン残留物が検出されたというスクープ記事を掲載し、オウム真理教の犯行が疑われるようになっていた。その点では、強制捜査を予期していても不思議ではない。実際、そうした状況のなかで製造されたサリンそのものは破棄されていた。それでも地下鉄で撒くためのサリンが製造できたのは、それに使われるメチルホスホン酸ジフロライドだけは残されていたからである。

松本サリン事件について疑いがかけられているなかで、ふたたびサリンを使用すれば、たとえ強制捜査を遅らせることはできても、教団に対する疑惑が事実であることを証明する危険性があった。実際、強制捜査は、地下鉄サリン事件の翌々日に行われている。地下鉄でサリンを撒いたことで、捜査を遅らせることはできなかったのだ。

地下鉄でサリンを撒くことの決定は、事件の2日前の3月18日、杉並区《すぎなみく》高円寺《こうえんじ》にあった教団経営の飲食店から山梨県のサティアンに戻るリムジンの車中でなされたとされている。そこには麻原や村井などの幹部が同乗していて、サリンの使用は村井が言い出したと言われている。しかし、その場ではサリンを撒いても強制捜査を遅らせることはできないという話も出ており、決定はされなかった。最終的に麻原と村井が協議することで決まったようだが、麻原はそれについて明言していないし、村井は刺殺されてしまったので、真相は明らかになっていない。

サリンで創価学会・池田名誉会長を狙っていた

では、地下鉄で撒くことがサリンを製造した本来の目的ではないとしたら、他に目的があったのだろうか。

最初にサリン攻撃のターゲットになったのは、創価学会の池田大作《いけだだいさく》名誉会長だった。

それは1993年11月のことで、現場は八王子市《はちおうじし》にある創価学会の施設、東京牧口記念会館においてだった。

なぜ池田名誉会長を狙ったのか。それは、オウム真理教に対する糾弾キャンペーンを行った毎日新聞社グループが、創価学会の機関紙である『聖教新聞《せいきょうしんぶん》』の印刷を行っていることから、創価学会と結託してオウム真理教を攻撃していると考えたからだった。しかし、そのときは撒布に失敗した。

その後、12月18日に再び池田名誉会長を狙ったものの、これも失敗し、運転手をしていた新實智光がサリンを吸って死にかけた。これで、教団が製造したサリンが猛毒であることが明らかになった。さらに3度目が計画されたが、それは実行されなかった。

しかし、池田名誉会長個人を標的にするなら、サリンを使わなくても、いくらでも方法はある。サリンがたまたま作られていたから、それを使ったということではないか。しかも、第7サティアンではサリンの大量製造が計画されていた。

麻原の説法を読み進めていくと、地下鉄サリン事件に近づいていくにつれて、麻原のなかに強い危機意識が芽生えていったことが分かる。もちろん、その原因は教団の側にあった。第7サティアンの巨大プラントに金をかけすぎた結果、教団の財政は悪化し、それが、信者から強引に金集めをすることに結びついたからである。そによって教団は、警察から疑惑をもたれるようになっていたのだ。

ヨーガの道場が宗教へと変貌した当初の段階から、麻原は終末論を説き、フランスまで赴《おもむ》いて1999年に世の終わりが来るとする「ノストラダムスの予言」の研究さえ行っていた。こうした終末論は、幼い時期にノストラダムスの予言の影響を受けた若者たちをオウム真理教に入信させる大きな要因にもなっていったのだが、麻原自身が、幹部たちから陰謀論を吹き込まれ、それに感化された面があった。

麻原は雄弁な宗教家であった。1991年9月に放送された「朝まで生テレビ！」に出演したことをきっかけに、一時は、テレビ出演をくり返し、人気者として扱われたこともあった。私もその一人だが知識人と対談も行っている。

私の印象に強く残っているのは、麻原が部落解放同盟《ぶらくかいほうどうめい》の委員長と対談したときのことだった。私はその司会をつとめたが、対談は3時間にも及んだ。麻原が、「朝まで生テレビ！」で自分の目が見えないのは前世《ぜんせ》における「カルマ」によるものだ、と発言したことが差別を助長すると、部落解放同盟が抗議したのが対談のきっかけになっていた。

これには背景があった。

1979年のこと、全日本仏教会理事長で曹洞宗《そうとうしゆう》宗務総長であった町田《まちだ》宗夫《そうゆう》が「日本には部落差別はない」と発言したことで、部落解放同盟などから糾弾を受けた。おそらく麻原は、その事実を知らなかったのだと思うが、宗教界には、こうした問題を避けようとする空気があった。にもかかわらず、麻原は果敢《かかん》に対談に臨んだ。いかなることに対しても宗教家として積極的に発言する。その時代の麻原にはそうしたイメージがあった。

詐病か精神の変調か、異常な教祖と信者の葛藤

ところが、裁判がはじまると、麻原の姿勢は次第におかしなものになっていった。不規

則発言が目立ち、最後はほとんど沈黙するようになった。家族が拘置所で面会しても、その面前で自慰《じい》をするなど、その姿勢は常軌《じょうき》を逸《いっ》していた。

検察や裁判所は、それを詐病《さびょう》と判断した。しかし、裁判でおかしな態度をとるようになってから死刑が執行されるまで20年以上にわたってそうした態度をとり続けたように推測される。推測ということばを使ったのは、拘置所のなかでのことがわからないからだが、それだけ長期にわたって自己を偽り続けられるものなのだろうか。

結局麻原は、オウム真理教が信者の事故死をきっかけに殺人事件をくり返し、社会からの批判を浴び続けることで、次第に精神に変調をきたし、被害妄想をふくらませていくなかで、社会に復讐するため無差別大量殺人を敢行しようとしたのではないだろうか。化学について学んだわけではない麻原にサリンの知識があったとは思えない。サリンを含む化学兵器や、それ以前の生物兵器についての知識は幹部から得たものだろう。

オウム真理教は、ソ連が解体されてからのロシアに進出し、ロシア人の信者を増やしただけではなく、ロシアの副大統領とも会い、放送権を買って、ロシアから日本向けのラジオ放送を行った。その点で、化学兵器や生物兵器について、ロシアの影響が指摘されることもあるが、前掲のトゥーの著作ではその点は否定されている。土谷にしても、ロシアから情報を集めたわけではない。

もちろん、いくら教祖が無差別大量殺人を行うためにサリンの製造を命じたとしても、一般の宗教団体であれば、そんなことはできない。幹部も止めたであろう。ところが、オウム真理教には、殺人を肯定する教義があり、信者に危険な行為をさせるマハー・ムドラーの教えがあった。しかも、偶然にも土谷という優秀な化学者もいた。そうしたことが重なり合って、オウム真理教は無差別大量殺人を敢行するまでに至ったのである。

もちろん、地下鉄でのサリンの撒布を命じられた信者たちの側には葛藤があった。実行犯のなかには、運転主役の新實を除けば、それまで殺人を行った者はいなかったからだ。

実行犯の一人となった、教団医師の林郁夫《はやしいくお》は、その手記『オウムと私』（文藝春秋）のなかで、「私たちが地下鉄にサリンをまくことで、強制捜査のホコ先をそらせば、オウムが守られて、真理が途絶えないですむのだから、サリンで殺され、ポアされることになった人たちも、真理を守るという功徳を積むことになるので（中略）だれも無駄死にということにはならないのだ」と考えて、実行に及んだと述べている。

まったく身勝手な理屈付けになるが、林は、殺人を救いとしてとらえることで、サリンを撒いてしまった。彼ら個人には、無差別大量殺人を実行したいという個人的な動機はなかった。ところが、命じられたことに逆らうことができず、無理な理屈付けをすることで、自らを納得させ、取り返しのつかない重大な事件を引き起こしてしまったのだ。

麻原を崇拝し続ける後継団体アレフ

オウム真理教の教団が武装化の方向へむかい、最終的に無差別大量殺人に行き着くなかで、信者たちのなかには、それに疑問を感じるような者たちもいた。しかし、彼らは、その疑問を公にすることはなく、結局は、教祖や幹部たちから下される命令に従ってしまった。そして、事故死の隠蔽以降に確立されていった殺人を肯定する教義にすがり、力のある麻原なら自分たちをなんとかしてくれると、すべてを委ねてしまったのだ。

強制捜査以降に逮捕され、法廷にかけられることで、彼らは教団から解き放たれ、グルからの圧力を受けることもなくなった。そうした環境のなかでは、次第に冷静さを取り戻し、自分たちのしたことを後悔するようになっていった。多くの信者が信仰を捨てた。

しかし、信仰を捨てるということは、殺人を肯定する教義を否定することであり、自分たちのやったことを正当化できなくなる。高額献金なら、信仰を捨てた後に取り戻すこともできるかもしれない。だが、殺人などの犯罪はなかったことにはできない。それが彼らにとっては最大の悲劇だった。

では、サリンを大量に撒布しての無差別大量殺人を敢行することは、オウム真理教にどういった利益をもたらすのだろうか。社会が混乱状態になったのに乗じて、政権奪取を試みようとしたのだとも言われるが、それはあまりに荒唐無稽な計画である。

すべては麻原の妄想のなかでのことで、閉鎖的な教団の集団としてのメカニズムが、自覚的に計画に携わった幹部にそれを共有させたということかもしれない。

事件後のオウム真理教は、教祖や多くの幹部、信者が逮捕され、裁判にかけられた。教団は破産に追い込まれ、宗教法人格を奪われた。当初は、オウム真理教を名乗り続けていたが、その名称を使うことを破産管財人から禁止されたため、アレフと改称し、任意の宗教団体として存続している。アレフからは、オウム真理教の幹部だった上祐史浩《じょうゆうふみひろ》を主宰者とするひかりの輪や山田らの集団が分かれ、依然として活動を続けている。

アレフや山田らの集団は、麻原をグルとして今でも崇拝の対象としているが、ひかりの輪は、麻原を批判しており、崇拝の対象にはしていない。だが、公安調査庁は、ひかりの輪についても観察処分の対象にし続けている。

オウム真理教が、地下鉄サリン事件だけではなく、数々の犯罪行為を行っていたことが明らかになり、宗教法人格を奪われた後にも、多くの信者がアレフなどに残った。その点は想定されていなかったことかもしれないが、残り続けた信者にとっては、麻原が開拓した修行の方法が強い魅力になっているものと考えられる。それを実践し、光を見るなどの神秘体験をした信者たちは、簡単には教団を離れられないのである。

聖遺物となる可能性がある麻原の遺骨の行方と後継団体

では、アレフなどが、かつてのオウム真理教と同様に、再びさまざまな事件を起こす可能性はあるのだろうか。

団体規制法による観察処分、さらには再発防止処分を下されたこともあり、それ以降、財産隠しなどを除けば、アレフなどは重大な事件を起こしていない。麻原というカリスマ的な指導者の不在の影響は大きい。アレフなどは、社会からは強く拒否されているわけだが、かつてのように厳しい批判や攻撃を受けているわけではない。その点で、被害妄想をふくらませる余地は少ない。

しかし、アレフなどが一定の資産を持ち、かなりの数の信者を抱えていることは、社会にとって大きな不安材料である。

それに関連して懸念されるのが麻原の遺骨の行方である。

死刑執行後、麻原の遺体は火葬され、遺骨が残った。一部、偶然に毛髪も残されている。それは現在、東京拘置所に安置されているが、最高裁の判決では、麻原の次女が引取人に決定されている。だが、国の側は、引き取られた後の保管場所や方法が明らかにされていないとして、依然としてアレフとの関係が疑われる次女には返還していない。

宗教家の遺骨が、信者から神聖なものと見なされ、信仰の対象になる例は、キリスト教における聖人崇敬や、仏教の仏舎利信仰に見られる。私たちが火葬された故人の遺骨を墓などに埋葬し、礼拝の対象とするのも、それと共通する。

その点で、次女が引き取った遺骨が、アレフなどの手にわたり、信仰の対象となる懸念がある。あるいは、細かくわけて高額で販売されれば、それはアレフにとって資金源になる。信者の拡大のために、積極的に活用されることも考えられる。細かく遺骨を砕き、それに病気治癒など奇跡を引き起こす力があると宣伝されるかもしれないのだ。

その点で、麻原の遺骨と遺髪《いはつ》を誰が引き取るのかは大きな問題である。アレフなどの拡大と事件の再発を防ぐためには、国の側が永遠に保管し、アレフなどにわたることがないようにすることが必要なのではないだろうか。ただ、遺骨の引き取りを求めた次女による訴訟では、2024年3月13日、東京地裁で次女の側が勝訴している。2021年に、東京家裁、東京高裁の判断で引き取り先と確定した次女に引き渡さない法的な根拠がないからだ。

現在のアレフやひかりの輪がテロ行為に及ぶ危険性はかなり低い。監視されているし、権力を持つカリスマ的な教祖もいなくなったからだ。

だが、オウム真理教は殺人を宗教的に正当化する教義を作り上げた。その教義をアレフなどが今も信奉しているかどうかは不明だが、それは消滅してしまったわけではなく残っている。将来においてその教義を復活させようという人物や集団が現れないとも限らない。宗教では絶えず教えの復興が試みられてきた。オウム真理教にこれからそうした動きが生まれる危険性は決して消えてはいないのである。

第3章 エホバの証人

M・ジャクソンも行った戸別伝道と問題になった「スリラー」

エホバの証人《しょうにん》はアメリカ合衆国に生まれたキリスト教系の宗教団体である。法人としての名は「ものみの塔聖書冊子協会《とうせいしょさっしきょうかい》」と言う。この法人名が示しているように、彼らは独自の聖書である『新世界訳聖書《しんせかいやくせいしょ》』を普及させることに活動の中心をおいている。

普及の手段として用いられるのが、「戸別伝道《こべつ》」である。一般の家庭を訪れて、「聖書の勉強をしてみませんか」と誘うのだ。エホバの証人の信者の訪問を受けたという人はいくらでもいるだろう。

なぜ戸別伝道をするのか。

エホバの証人では、その点について、「行って、すべての国の人々を弟子とし、……教えなさい」というイエスによる弟子たちへの命令に根拠を求めている。これは、新約聖書の「マタイによる福音書《ふくいんしょ》」28章19・20節に出てくることばだが、一般に広く使われている新共同訳聖書《しんきょうどうやくせいしょ》の文言《もんごん》とは違う。そちらでは、「行って、すべての民をわたしの弟子にしなさい。……教えなさい」とある。エホバの証人の『新世界訳聖書』では、訳文が異なるのだ。

独自の聖書を使うところにエホバの証人の一つの特徴が示されているが、戸別伝道は、エホバの証人が誕生したアメリカでも同様に行われてきた。

世界的なアーティストだったマイケル・ジャクソンの母親は熱心なエホバの証人の信者で、その影響を受けたマイケルも若い時代には信者として活動していた。彼は10代のはじめにはすでにスターになっていたが、その時期にも戸別伝道に従事しており、ドアを開けたら、目の前に伝道するマイケルが立っていて、それに驚いたという人もいた。

ところが、大ヒット曲となった「スリラー」のミュージック・ビデオに狼男《おおかみおとこ》や死霊が登場したことから、そうしたものを異教の信仰として否定するエホバの証人の教会から強い反発を受け、マイケルは教会の機関誌で謝罪しなければならなかった。

エホバの証人は、ヨーロッパの土着の信仰が形を変えてキリスト教の信仰に取り入れられたようなものを極度に嫌う。したがって、ケルトやゲルマンの風習に遡るクリスマスを祝うことはない。もっともアメリカでは、キリスト教界全体にそうした傾向があり、その点ではエホバの証人だけが特別なわけではない。

最近のエホバの証人では、戸別伝道を積極的には行っておらず、駅の前に小さなスタンドを置き、そこに冊子を並べるとともに、手に冊子を持って、通行人の関心を呼ぼうとするやり方に移ってきている。通行人に声を掛けることもないので、戸別伝道に比べるとかなり受動的である。戸別訪問でトラブルが起こるのを防ぐためかもしれないが、そもそも昼間、家にいる人間が少なくなり、家を訪れても効果がないことも影響しているのだろう。

創立者ラッセルと日本支部創設者・明石順三

エホバの証人はアメリカで誕生し、その創立者はチャールズ・テイズ・ラッセルという人物である。ラッセルは、雑誌の出版を通して、聖書についての独自の思想を伝道していった。独自というのは、ラッセルが、一般のキリスト教徒が信じている地獄や予定説、あるいは霊魂《れいこん》の不滅や三位一体論《さんみいったいろん》を否定し、聖書のみに従うべきだと主張したからである。聖書のみとするのは、プロテスタント全体の特徴でもあるが、三位一体論まで否定するところは少ない。

ラッセルは、明治時代の1911年に来日し、各地をまわって講演などを行っている。ただ、それによってすぐ日本にエホバの証人の支部ができたわけではない。日本で最初の支部を創設したのが明石順三《あかしじゅんぞう》という人物であった。

明石のことについては、1972年に刊行された稲垣真美《いながきまさみ》『兵役を拒否した日本人―灯《とう》台社《だいしゃ》の戦時下抵抗』(岩波新書)で紹介されている。稲垣は私の義理の叔父である。書名を見ても、エホバの証人のことだと分からないが、ものみの塔聖書冊子協会の英名は「Watch Tower Bible and Tract Society」であり、それが灯台社と訳されたのだ。『兵役を拒否した日本人』は、刊行から50年以上が経ったにもかかわらず、現在でも岩波新書のラインナップに含まれている。それも、戦前の日本で兵役拒否という行為を実践した人間が少なく、貴重なドキュメントになっているからである。

明石は、1889(明治22)年に、滋賀県坂田《さかた》郡《ぐん》息長村《おきながむら》岩脇《いおき》に生まれ、彦根《ひこね》中学校を中退した後、18歳のときにアメリカに渡った。アメリカでは、日系移民のための新聞社につとめ、山口県岩国《いわくに》出身の牧師の娘と結婚した。その妻がエホバの証人の熱心な信仰を持っていたことから、それに感化され、明石もエホバの証人の信仰を持つようになり、やがては妻よりも熱心な信仰者となっていった。

明石は、当時のエホバの証人の代表から、日本に支部を作り、布教活動を展開するよう依頼され、1926年に日本に戻ってくる。妻の方は、アメリカに残ることを希望したため、明石は妻と離婚し、三人の息子を連れて日本に戻った。

日本ではまず、神戸市外の須磨《すま》町一《いち》ノ谷《たに》にいた材木商の神田《こうだ》繁太《はんた》郎《ろう》がアメリカから送られてくる雑誌『ものみの塔』の読者であったことから、そこへ向かい、神田宅に寄寓《きぐう》することになる。神田とその周囲にいた人間たちが作った須磨《すま》ノ浦《うら》聖書講堂という組織では、無教会派《むきょうかいは》の内村鑑三《うちむらかんぞう》の影響も受けていたが、明石によって説得され、無教会派の信仰は捨て、エホバの証人の信者となった。明石はそこで、『ものみの塔』の邦訳版機関誌『灯台《とうだい》』を発行するとともに、自らが書いた文章を多く掲載した『黄金時代』という大衆向けの機関誌も発行した。

兵役拒否で懲役10年、本部批判で除名

ところが、1929年に、『黄金時代』の内容が新聞紙法にふれるとして、100円の罰金を科せられた。1933年には灯台社の一斉検挙《いっせいけんきょ》が行われた。この出来事を伝えた『大阪毎日新聞』の記事では、「秘密結社　燈台社の正体　神の名に隠れて『黒き細胞』は跳梁《ちょうりょう》　アジトにはハウスキーパ　共産党もどきの暗躍」（5月19日付）とあった。明石はこれによって4日間拘留され、『灯台』も発行できなくなる。

エホバの証人では、偶像崇拝を禁止するとともに、戦争を殺人罪ととらえ、兵役拒否を説いていた。明石の長男であった真人《まさと》は、徴兵《ちょうへい》年齢に達して軍隊に入ったものの、193

9年1月、1週間で銃を返すことを上官に申し出ている。また、灯台社の社員であった村《むら》本一生《もとかずお》も、真人より入隊は早かったが、いったん軍隊を脱走し、灯台社で自分の意思を明らかにした後、所属の部隊に戻って銃の返納を申し出ている。

同年6月14日の軍法会議において、真人が懲役3年、村本が同2年の判決を受ける。その7日後の6月21日には、100名以上の武装警官によって荻窪《おぎくぼ》にあった灯台社が包囲され、明石夫妻や2人の子どもを含め26人が検挙された。1942年5月には、第1審で明石に対しては治安維持法違反などで懲役12年の判決が下った。翌年4月の第2審で懲役10年に減刑されたが、その後、上告が棄却され、明石は戦争が終わるまで服役している。再婚した妻の静栄《しずえ》と朝鮮人の信者だった王応連《おうおうれん》は獄死した。

今日では、信仰にもとづく兵役拒否は「良心的兵役拒否」と呼ばれ、徴兵制のあるさまざまな国々では、国民の権利として認められるようになってきた。その点からすれば、灯台社の実践はその先駆《さきが》けとなるもので、高く評価される。

しかし、戦前の日本では、国家の政策と合致しない、あるいは公序良俗《りょうぞく》を乱すと判断された宗教団体への規制や取り締まりは厳しく、灯台社はその対象とならざるを得なかった。その時代にはまだカルトということばはないが、当時の灯台社は社会にとって危険なカルトとしての扱いを受けたことになる。

日本が戦争に敗れることで、宗教をめぐる状況は根本から変わった。明石と村本は、戦後、栃木県の鹿沼《かぬま》市に住んでいたが、占領軍とともにアメリカのウォッチタワー本部の伝道者もやってきて、明石たちのもとを訪れた。

しかし、伝道者がもってきた機関誌や文献を読んだ明石は、失望する。彼の目には、アメリカの本部が社会に妥協しているように思えたからだ。たとえば、国旗礼拝を禁じていたはずなのに、機関誌には、アメリカの星条旗を背景に大会が開かれていたことを示す写真が掲載されていた。明石は本部の姿勢を批判したため、教団から除名されてしまう。

その後、アメリカの本部からは、明石に代わる指導者として外国人宣教師が送られてきた。戦後の宣教活動は、東京や神戸などの大都市からはじまり、順次、他の都市にも及んだ。ただ、1951年の段階では信者は数百人の規模にも満たない状況だった。

ハルマゲドンの予言が外れても減らなかった日本の信者

1963年には、583人のエホバの証人の信者がアメリカを出発し、10週間で世界を一周し、各地で大会を開く旅を行った。一行は日本にも立ち寄り、大会を開いたことで、日本人信者による宣教活動が活発化した。さらに、当時のエホバの証人においては、1975年にハルマゲンドン（世界の終わり）が起きるという説が唱えられ、それも信者を拡大することに結びついた。

ただ、1975年には、世界の終わりに匹敵するような重大な出来事は起こらなかった。それは、予言が外れたことを意味する。実際、世界ではそれによってエホバの証人の信者は減少したが、日本ではそれが起こらなかった。そこには、エホバの証人の日本人信者の特徴が関係していた。

エホバの証人について研究している山口瑞穂《やまぐちみずほ》は、「日本におけるエホバの証人の発展要因─1970年代半ばから1990年代半ばまで」（『宗教と社会』25号、2019年）という論文において、日本で宣教活動に従事する「開拓者《かいたくしゃ》」と呼ばれる信者たちの6割が主婦で、大半は夫が信者になっていないことを指摘している。しかも、開拓者ではない一般の信者を含めた年間の宣教時間は514時間を超え、それはアメリカの信者の2倍以上に達する。教団の多数を占める女性たちにとっては、子育てや家庭のことが関心の中心であり、そもそも終末予言はさほど注目を集めなかったのだ。

夫と信仰が別であるということは、夫婦関係に何らかの問題を抱えていたことを意味する。そうした主婦が、エホバの証人の開拓者の戸別伝道に接し、それで信仰を持つに至る。主婦が多く存在したことが、エホバの証人の信者を増やし、開拓者の割合を高めていくことに貢献した。男性の場合、開拓者になるには仕事を辞めなければならないという高いハードルがあった。それを乗り越えた男性たちも少なからずいたわけだが、主婦の方がはるかにハードルは低い。

その結果、1975年以降も、日本ではエホバの証人の拡大は続き、100人程度までの信者の集まりである「会衆《かいしゅう》」や、集会を開く「王国会館《おうこくかいかん》」が各地に次々と作られていった。山口によると、教団は2017年の時点での信者数を約21万人としている。

第1章で、私が大阪商業大学の調査をもとにして算出した新宗教教団の信者数についてふれたが、それによれば、エホバの証人の信者数は12万人である。これが最低限の数字であることからすれば、教団側が21万人としているのは妥当《だとう》である。エホバの証人がかなりの信者数を保持していることが分かる。新宗教のなかでは9番目の規模である。

1985年、川崎での輸血拒否事件

エホバの証人は、戸別伝道をしていたわけで、その面ではよく知られていた。しかし、この集団のことが社会的に大きな話題になったのは、1985年に起こった、「輸血拒否事件」を通してだった。

1985年6月、川崎市で交通事故にあった小学校5年生の男児に対して、エホバの証人の信者だった両親が輸血を拒否し、男児が死亡する事件が起こった。これによって、輸血拒否の是非が問われたのだった。

この事件については、ノンフィクション・ライターの大泉実成《おおいずみみつなり》が『説得―エホバの証人と輸血拒否事件』（現代書館、後に講談社文庫）という本を書いている。これをもとに1993年にはビートたけし主演でテレビドラマ『説得』が作られている。このドラマは平成5年度文化庁芸術祭芸術作品賞を受賞しており、事件の複雑さを世間に印象づけることとなった。

実際、この事件以降、医学界は輸血拒否に直面したときの問題に苦慮するようになる。2000年には、輸血をしないで不測の事態が起こったとき病院側の責任は免責するという同意書に患者が署名していたにもかかわらず、患者の生命に危険が生じたときには輸血をするという方針で手術に臨んだ医師が、その方針を患者に説明しないまま輸血を行ったとして損害賠償を請求され、それが最高裁で認められるという出来事も起こった。信教の自由が優先されたのだ。

なぜエホバの証人の信者は輸血を拒否するのか。

その理由は聖書に求められる。旧約聖書の「創世記」9章4節には、「生きている動く生き物はすべてあなた方の食物としてよい。……ただし、その魂つまりその血を伴う肉を食べてはならない」(『新世界訳聖書』)とある。新約聖書の「使徒の活動」(一般には「使徒行伝」あるいは「使徒《しと》言行録《げんこうろく》」)15章20節にも、「偶像によって汚された物と性的不道徳と絞め殺された動物と血を避けるよう書き送ることです」とある。

旧約聖書は、もともとはユダヤ教の聖典で、そこでは、信者が守るべきさまざまな律法が示されている。そのなかには食物規定があり、豚などの動物を食べてはならないとされている。これをユダヤ教徒やイスラム教徒が守ってきたことはよく知られている。

血を食べてはならないという神のことばも、こうした食物規定に含まれるわけだが、通常は動物の血を飲むことを戒めたものと解釈されている。

ところが、エホバの証人では、それを、世間の目から見れば拡大解釈し、他人の血を体内に取り込む輸血についても血を食べる行為としてとらえている。

しかし、手術を行うには輸血は不可欠である。輸血を拒否することで、エホバの信者は亡くなる可能性がある。それは、エホバの信者の子どもについても言える。親が輸血を拒否したことで、実際に子どもが亡くなった事例があるわけだが、なぜ親は、信仰に従うことで子どもの命を犠牲にしてしまうのだろうか。信者ではない一般の人間からすれば、そこに疑問を感じる。

ただ、そこには信教の自由の問題がかかわってくる。最高裁での判決もあり、苦慮した医学界は、それ以降、輸血拒否に対するガイドラインを設定せざるを得なくなる。18歳以上の場合には、本人の意思が優先され、拒否する場合には輸血は行わず、無輸血治療などに努力する。18歳以下でも15歳以上であり、患者本人が輸血拒否をしている場合には、18歳以上と同じに扱う。ただし、15歳未満の場合には、信者の親が輸血を拒否しても、輸血を行うといったものである（医師会や病院では、これについて細かな規定を定めており、詳しくはそうしたものを参照）。

兵役・輸血だけでなく武道、国旗・国歌、選挙も拒否

注目されるのは、エホバの証人が拒否するのは輸血だけではないことである。戦前の灯台社《とうだいしゃ》で実行に移された兵役拒否もその一つになるが、格闘技を行わない、国旗への敬礼や国歌斉唱《せいしょう》はしない、選挙への立候補や投票など政治に参加しないといったことも定められ

ている。学校に通う生徒が生徒会の役員に立候補することも禁じられている。

格闘技については、高等専門学校で問題が起きた。

1990年に神戸市立工業高等専門学校に入学した学生のなかにエホバの証人の信者が5人いて、彼らは剣道の授業の受講を拒否した。イザヤ書2章4節に「彼らはその剣《つるぎ》をすきの刃に、その槍《やり》を刈り込みばさみに打ち変えなければならなくなる。国民は国民に向かって剣を上げず、彼らはもはや戦いを学ばない」とあるからである。

そのなかに進級できず、退学になった学生がいて、彼らは学校側の進級拒否、退学処分は不当であると裁判に訴えた。一審では、原告となった元学生の訴えは棄却されたが、高裁と最高裁では訴えが認められた。他の学校では代替措置《だいたいそち》が講じられており、それを認めないのは、学校の側の裁量権の範囲を超えた違法なものだというのである。

こうして、憲法で保障された信教の自由により、輸血拒否にしても武道の授業の拒否についても、エホバの証人の側の主張が認められた。

社会が求めてくることについて、信仰にもとづいて拒否することは、信者にとっては試練である。輸血の場面に遭遇すれば、命がかかわっているわけで、相当に厳しい決断を必要とする。

しかし、状況が厳しいものであればあるほど、信仰を貫き通すことが、信者にとっては大きな達成感になる。そして、そうした経験を経ることで、よりいっそう信仰は強化されていくことになる。

逆に言えば、教団の側は、信者の信仰を強化するために、さまざまな禁制を用意していることになる。そこに、エホバの証人の大きな特徴がある。

子どもに対する鞭打ち体罰による達成感

最近、エホバの証人をめぐる重大な問題として取り上げられるようになってきた鞭打ちによる体罰については、ここまで取り上げたこととは性格が違う面がある。

エホバの証人のあいだで子どもに対する鞭打ちが頻繁に行われてきたことについては、膨大な証言がある。

たとえば、2022年に国会で野党が行ったヒアリングでは、元信者の女性が次のように訴えた。

「下着を取られて、お尻を出した状態で叩かれますので、皮膚も裂けて、ミミズ腫《ば》れになり、座ることやお風呂に入ることが地獄だった。同じ組織の信者同士の間で、何を使えば子どもに効率的なダメージを与えられるかの話し合いが日常的になされていた。一家庭の問題ではなく、組織的に体罰が奨励されていた。性的な羞恥心も覚えるようになり、私は毎日、いつ自殺しようかと本気で悩んでいた」（大泉実成「【エホバの証人】『パパぁ、むちしないでぇ』元信者のジャーナリストが語る『むち打ち』の衝撃実態『信者間で〝子供に効率的にダメージを与える方法〟が日常的に話し合われていた』」集英社オンライン、2023年3月9日）

この記事で、大泉は、『説得』を書くために取材をしていた37年前と変わらないことがくり返されていると述べている。

鞭打ちについての根拠も聖書に求められている。旧約聖書の「格言の書（箴言《しんげん》）」13章24節には、「むちを控える人は子供を憎んでいる。子供を愛する人は懲らしめを怠らない」と述べられている。他にも、旧約聖書には随所で、同様のことが述べられている。子どもに対する「愛の鞭」は是非とも必要だというのである。

エホバの証人は、聖書に述べられたことに忠実であろうとしてきた。こうした姿勢をとるキリスト教徒は「キリスト教原理主義」と呼ばれ、アメリカの福音派に多い。福音派では、広く知られているように、進化論を学校で教えることや人工妊娠中絶に反対してきた。エホバの証人も同様の主張を持っているが、それを強く主張しない点で福音派と異なる。

それというのも、福音派は自分たちの主張を実現するために政治に積極的にかかわろうとしてきたが、エホバの証人は政治とのかかわりそのものを拒否するからである。

元信者の証言にもあったように、エホバの証人の鞭打ちは相当に激しいもので、しかも、親たちは、子どもたちにより大きなダメージを与えるための工夫さえ施している。

エホバの証人の親たちも、最初は鞭打ちをためらうであろう。ためらいがあっても、子どもに鞭を当てることで、一つの困難な課題を克服したという達成感を得ることができる。

人間は達成感を求める動物でもあるが、一度それを得ると、さらに大きな達成感を得ようとして、より過激な方向に進んでいくことがある。博打《ばくち》にのめり込んでいくのも、そうした心理のなせるわざである。鞭打ちは身体的な行為であり、その分、困難なことをやり遂げたという感覚をはっきりと味わうことができる。そこから親は鞭打ちにのめり込み、子どもにより打撃を与える方法を模索するようになるのだ。

カルトと言われるような集団では、こうした達成感を得られる仕組みが備えられている。そこが、カルト性を弱め、社会に定着してきた一般の宗教団体との違いであると言える。布教活動によって仲間を増やすことも達成感につながる。

問題は、達成感が、本人にとっては満足できるものであっても、その結果が他者にとって好ましいとは言えないことである。鞭打ちでは、子どもは犠牲者になる。だが、親の側は、達成感の虜《とりこ》になり、子どもに鞭を打ち続ける。そして、達成感を得たことで、本人の信仰は強化されるのだ。

近年、見られるカルト性の変化

では、いくら信仰の強化に役立つとは言っても、鞭打ちも、輸血や武道の拒否と同様に、信教の自由として容認されるものなのだろうか。

これまで一般の社会でも、体罰はしつけの一種として認められてきたところがある。子どもが間違ったことをしないよう矯正することは、親のつとめであるという考え方は根強くある。家庭だけではなく、学校の部活動の指導者が体罰を行うことも愛の鞭として容認されることがあった。

しかし、２０２０年4月に改正児童虐待防止法と改正児童福祉法が施行され、たとえ家庭内のことであっても体罰は禁止された。暴言や子どもを笑い物にするようなことも禁じられた。１９９０年に発効した国連の子どもの権利条約で、体罰禁止は規定されており、ようやくそれが日本国内でも認められたことになる。

そもそもエホバの証人は、数々の禁止事項を設けることで、信者に一般社会とは異なる生活を送ることを強いてきた。それによって、信者を社会から切り離し、信仰の世界に没頭させてきたのだ。そうした教団のあり方が根本から改められない限り、カルト性を完全に脱却することはできない。あるいは新たな禁止事項が強制され、社会との対立を生むことになるかもしれないのである。

当然、エホバの証人の親による鞭打ちも体罰として禁止されることとなった。それを反映し、エホバの証人側は、2023年3月1日に、体罰を容認しないという声明を出している。また、子どもの輸血拒否が児童虐待にあたる可能性があるため、それが各人の個人的な決定であることも強調するようになった。

こうした教団側の声明によって、実際に、鞭打ちの体罰がなくなるのか、輸血拒否が強制されないのかについては、今後の動向を見極めていかなければならない。

だが、社会が信教の自由の名のもとに行われる暴力的な行為に対して毅然《きぜん》とした姿勢を示すことで、教団側に変化を促し、そのカルト性をより希薄なものにしていく効果は十分にあると考えられる。

ここに、社会がカルトにおいて生まれる問題を解決するための方向性が示されている。

それでも教団の指示に信者が全面的に従うとは限らない。今でも鞭打ちを続けている信者がいるかもしれないのである。

第4章　顕正会

（冨士大石寺顕正会）

多くの逮捕者を出したカルトらしい集団

顕正会《けんしょうかい》の正式な名称は「冨士大石寺顕正会《ふじたいせきじけんしょうかい》」である。この組織ほど、一般に想定されているカルトのイメージにふさわしい集団はないかもしれない。

たとえば、各地で開かれる集会の様子である。顕正会のサイトを見れば、写真が紹介されているが、会員たちは、皆同じ服装をしている。秋冬なら男女とも黒いスーツ姿で、春夏は上衣を脱いで白シャツ姿である。そうした姿の会員たちが、講演を行う会長の方を向き、ひとことも聞きもらすまいと一心に話を聞いている。

人数が少ない月ごとの幹部会では、会場は畳敷《たたみじ》きであり、皆、正坐《せいざ》している。拍手する際には、座ったままお辞儀をしながらそれを行う。やってみれば分かるが、相当に窮屈《きゅうくつ》な姿勢である。

しかも、顕正会は、これまで、行き過ぎた布教活動で多くの逮捕者まで出してきた。

たとえば、2013年9月11日付の『千葉日報《ちばにっぽう》』の記事では、警視庁公安部がさいたま市にある顕正会の本部を家宅捜索したことを報じている。容疑は、この年の3月、2人の会員がカードゲームをするという名目で20代の男性アルバイトを都内にある飲食店に連れて行き、入会を強要するなどしたというものである。

2008年1月にも新潟《にいがた》市内で2人の会員が逮捕されている。逮捕監禁と強要の容疑である。逮捕された2人の会員は、2006年11月、入信を勧めた男性がそれに応じなかったため、襟首《えりくび》をつかんで投げ飛ばすなどの暴行を働き全治1週間のけがを負わせた。その上、男性を軽自動車に押し込んで「逃げるとぶっ殺す」などと脅《おど》かし、2時間にわたって車に監禁して会館に連行し、数珠《じゅず》を与えて経を読ませたというのである。

かつては顕正会の会員による同種の事件は頻発し、逮捕者も多かった。ただ、逮捕されても処分保留で釈放される場合が大半で、起訴されて有罪になった事例はないように見受けられる。顕正会の本部が刑事事件で責任を問われたこともない。そのため、釈放された逮捕者は、会のなかでかえって英雄視されるとも言われている。

若い会員による折伏と、適中した予言

顕正会の信仰は、元をたどれば日蓮に行き着く。日蓮は鎌倉時代の宗教家だが、『法華《ほけ》経《きょう》』を信奉し、それ以外の信仰を否定した。

日蓮は、布教の方法を、「摂受《しょうじゅ》」と「折伏」に分けた。摂受は諄々《じゅんじゅん》と教えを説く穏やか

なやり方であるのに対して、折伏は相手を言い負かして教えを受け入れさせる強引なやり方である。顕正会は、折伏によって会員を増やすことを重視してきた。それが数々の事件に結びついたのだ。

顕正会には若い世代の会員が少なくない。高校生などもかなり入っている。2004年に、顕正会は国立横浜国際会議場で、およそ3万人の高校生会員を集め、全国高校生大会を開いている。私は、その大会を撮影した映像を見たことがあるが、高校生が広い会場を埋め尽くしていた。

新たに入会した若い会員たちは、折伏の重要性を教えられ、自分たちもそれを実践する。折伏は、相手が根負けするまで続けるもので、その分、激しいものになりやすい。折伏に邁進するようになると、高校生や大学生だと学業を放棄し、学校にも行かなくなる。顕正会に入っていない親にとっては、これは相当に困った事態である。

若い顕正会の会員は、折伏の相手として友人や学校の同級生を選ぶ。すると、そこでもトラブルが生じ、人間関係が壊れていく。私は一度、子どもが顕正会に入会して困っているという親の集まりで講演をしたことがあるが、親が説得しても子どもたちは聞く耳をもたないと聞いた。ただ、顕正会の活動についてふれなければ、怒りを爆発させたりはしないらしい。

これは旧統一教会やエホバの証人と共通するが、親の方が顕正会に入会してしまい、それで困っているという子どももいる。高校生大会の映像を見たときにも、登壇して発言した高校生には、親に勧められて入会したというケースが多かった。親が折伏に邁進するようになれば、家庭生活に影響が出る。さらに、信仰を強制され、折伏にも駆り出されることになる。創価学会もかつては熱心に折伏を行っていたが、今はそうではない。折伏という要素は、今日では顕正会特有の問題になってきた。

さらに、顕正会の会員は、『日蓮大聖人《にちれんだいしょうにん》に背《そむ》く日本は必ず亡《ほろ》ぶ』といった冊子を大量に配っている。それを開いてみると、序章では、「まもなく始まる巨大地震の連発を号鐘として、国家破産、異常気象、大飢饉《ききん》、大疫病《だいやくびょう》（感染症）等の災難が続発し、ついには亡国の大難たる自界叛逆《じかいはんぎゃく》（国内の分裂抗争）と他国侵逼《たこくしんぴつ》（外敵の侵略）が起こるのである」と太字で記されている。

この冊子が最初に作られたのは2004年のことで、その後、東日本大震災、新型コロナの流行、そして能登《のと》半島《はんとう》地震が起こったことを考えると、顕正会の予言は適中したようにも見える。

ここで言われていることは、顕正会が信仰する日蓮が、『薬師経《やくしきよう》』という経典をもとに、鎌倉幕府の第5代執権《しつけん》、北条時頼《ほうじようときより》に提出した『立正安国論《りつしようあんこくろん》』に記したことである。日蓮の場合には、蒙古襲来《もうこしゆうらい》によって他国侵逼の予言を適中させた形になり、かえって幕府から恐れられ、警戒された。日蓮は、マグニチュード7・0から7・5とされる正嘉《しようか》の大地震（1257年）を鎌倉で経験しており、それが予言に結びついた。ただし、日本は世界の地震の1割が起こる地震国であり、こうした予言が適中する可能性は高い。

数々の問題行動と浅井昭衞会長の死

顕正会の場合には、機関紙として『顕正新聞《けんしようしんぶん》』を発行しており、会員たちは、駅などでそれを配布している。8月15日、終戦記念日の靖国神社でも、会員はそれを配っている。

これは、1995年の阪神・淡路大震災のときもそうだったが、顕正会は、2011年の東日本大震災の際に、震災が天による警告だという主張を展開した。『顕正新聞』に掲載された浅井昭衞《あさいしようえい》会長の講演内容を伝える記事の見出しは、「正嘉の大地震に次ぐ今回の大地震　大罰の時代の号鐘、広宣流布《こうせんるふ》の大端《だいたん》　広宣流布は近い、敢然《かんぜん》と立たん」となっていた。

この講演のなかで、浅井が「これほどの大惨事の中で、いかに全顕正会員が御本尊様《ごほんぞんさま》の御守護《ごしゅご》を頂いたか」と述べていたため、会員のなかには一人も死者がいないと言い出す者さえ現れた。

日蓮は、正しい仏法が伝わらなければ、国が滅ぶと主張し、蒙古襲来を予言する形になったため、近代になると国難を救う宗教家として評価されるようになった。英雄視され、日蓮信仰と皇国史観を合体させた日蓮主義も流行した。顕正会は、そうした日蓮のあり方を模範とし、自分たちでもその実践をめざしているわけだが、かつてはそれが自衛隊員を入会させることに結びつき、問題行動を起こさせた。

それについては、『サンデー毎日』誌の1999年12月12日号が伝えている。「スクープ! 警視庁が極秘に作成した信者リスト入手—現職幹部自衛官が大量入信する宗教法人『顕正会』の実態」という記事である。

1990年代に入ると、自衛隊のなかに顕正会の信者で作る「足軽《あしがる》の会」という集まりが生まれ、1994年には、信者となった一等陸佐《いっとうりくさ》が民間の顕正会の会員に東富士演習場で自動小銃の実弾射撃を行わせるという出来事まで起こっている。

ここまで見てきたことから考えると、顕正会は相当に過激で危険な宗教集団、まさにカルトであるということになる。

しかし、顕正会に入会した自衛隊員の話は、その後聞こえてこなくなった。また、強引な折伏で逮捕された会員についての報道も、最近ではなくなっている。まして顕正会の会員が、時代の危機を救うために集団行動を起こしたこともない。高校生大会でも、過激な発言をする者はいなかったし、たいがいは喘息やアレルギーに苦しんできたという発表に終始していた。

顕正会は過激な集団なのか。それとも穏健な人々の集まりなのか。今の時点でその判断を下すのは難しいが、事件を起こさなくなったことで、かつてほど注目されなくなったことは事実である。しかも、長く顕正会を率いてきた浅井昭衞会長は２０２３年に亡くなった。跡を継いだのは、昭衞の息子、浅井城衞《じょうえい》であり、２０２３年11月28日に会長に就任している。

創設者・浅井甚兵衛と日蓮正宗

では、そもそも顕正会とはどういう組織なのだろうか。

顕正会を創設したのは、昭衞の父親であった浅井甚兵衛《じんべえ》という人物である。

浅井甚兵衛は、1904年に愛知県幡豆《はず》郡西尾町《ぐんにしおちょう》（現在の西尾市）に生まれた。1923年に上京し、1926年には折伏されて日蓮正宗に入信している。所属は、品川区の妙光寺《みょうこうじ》であった。創価学会（最初は創価教育学会）の初代会長となった牧口常三郎が、やはり折伏されて日蓮正宗に入信したのは、その2年後の1928年のことだった。当時の日本では、日蓮主義が流行しており、甚兵衛や牧口が折伏されたのも、そうした時代状況があったからである。

1936年に、甚兵衛は所属する寺院を、妙光寺から板橋区《いたばしく》の妙光院に変え、信徒《しんと》総代《そうだい》となり、1942年には妙光寺に戻り、そこでも信徒総代になっている。当時の日蓮正宗は、日蓮宗全体のなかでも信者の少ない弱小の宗派であり、組織がまだ安定していなかった可能性がある。

甚兵衛は、1942年に、妙光寺所属の講中《こうじゅう》として妙信講《みょうしんこう》を組織する。これは、江戸時代から伝統となってきた法華《ほっけ》講《こう》の一つで、在家の組織だった。甚兵衛は、日蓮正宗の総本山である大石寺の第62世法主《せいほっす》・日恭《にっきょう》から講頭《こうとう》に任命されている。

その後、戦後になって、甚兵衛は所属する日蓮正宗寺院を変えたりするが、そこの住職と意見が衝突するなどして、一時、日蓮正宗信徒としての資格を失ったこともあった。それでも、何度か妙信講を新たに立ち上げ、『顕正新聞』を発行するようになる。

「本門之戒壇」をめぐる日蓮正宗・創価学会との確執

ただ、そこで問題になってきたのが、同じく日蓮正宗大石寺の法華講に位置づけられていた創価学会との主張の違いであった。それが、1972年に建立された大石寺の正本堂《しょうほんどう》をめぐって露呈する。

これは、一般の日蓮宗のなかでも問題になってきたことでもあるが、日蓮には「三大秘《さんだいひ》法抄《ほうしょう》」という文書がある。これは、日蓮宗のなかで、日蓮が実際に書いたものなのか、それとも偽書なのかをめぐって議論されてきたものだが、そのなかで、「本門之《ほんもんの》戒壇《かいだん》」について言及されている。

本門之戒壇がいかなるものなのか、「三大秘法抄」でも明確に説明されていないため、解釈はさまざまあるのだが、戦前の日蓮主義者で国柱会を組織した田中智学《たなかちがく》は、これを「国立戒壇《こくりつかいだん》」としてとらえた。天皇が日蓮宗に入信し、帝国議会で議決することによって建立するものが国立戒壇であるとしたのである。これは日蓮の信仰を国教にするに等しい。

この智学の考え方は、日蓮宗にも広がり、とくに日蓮正宗は、それを信奉するに至る。

大石寺には、日蓮の記した曼陀羅《まんだら》を楠に写したとされる「本門之本尊《ほんもんのほんぞん》」があり、それを祀る場が本門之戒壇と位置づけられた。創価学会の2代会長である戸田城聖も、智学から国立戒壇の考え方を取り入れ、それを政界へ進出するときの目的に掲げた。

そのため、大石寺に正本堂が建立される際には、果たしてそれが国立戒壇なのかどうかが議論になった。正本堂の建立にあたっては、1965年に建築資金が募集されたのだが、わずか4日間で355億円を超える額が集まった。日蓮正宗の僧侶《そうりょ》も妙信講もそれに貢献したが、圧倒的多数は創価学会の会員による寄付だった。

そのため、日蓮正宗の側は、膨大な会員を抱える創価学会の主張を取り入れざるを得なくなるのだが、日蓮正宗・創価学会の側と妙信講（顕正会）の側で、正本堂の位置づけをめぐって解釈が異なった。妙信講は、正本堂は国立戒壇ではなく、国立戒壇はその後に建立されるべきものであると主張した。これに対して、日蓮正宗・創価学会の側は、正本堂は、日蓮正宗の信仰が広く行き渡ったことの証明となる本門之戒壇であると解釈し、妙信講と対立した。その後、創価学会3代会長の池田大作は、正本堂は民衆立《みんしゅうりつ》の戒壇であるという立場をとった。

こうした事態が生まれたのも、国立戒壇がいかなるものなのか、明確に定義されていなかったからである。しかも、日蓮正宗・創価学会の側の解釈も曖昧《あいまい》で、妙信講から批判されることでとらえ方が揺れることもあった。そのため、妙信講は国立戒壇の建立にあくまでこだわる形になった。そして、正本堂が完成した翌年の1973年には、日蓮正宗は妙信講が国立戒壇建立の主張を取り下げない以上、大石寺に参拝する「登山《とざん》」は許可しないと宣言する。さらに翌1974年には、当時の日蓮正宗の管長《かんちょう》だった細井日達《にったつ》から講中解散処分まで受けている。

これは勢力でははるかに劣る妙信講が、巨大組織に発展した創価学会に敗れたことになる。正本堂が完成した翌月、1972年11月の妙信講の信徒数は、わずかに1万名だった。これは、顕正会自身が発表している数字である。

ところが、その後、妙信講の信徒数は大きく伸びていく。名称の方は、1982年に日蓮正宗顕正会に変更され、日蓮正宗の寺院に付属する講から脱皮《だっぴ》するが、1996年には現在の冨士大石寺顕正会に改められている。したがって、これ以降は、妙信講に代わって、顕正会の名を用いることにするが、1985年5月にはすでに会員数は10万人に達していた。

100万人に到達したのが2003年11月で、2018年11月には200万人を超えた。

２０２３年11月の時点では、２４７万４２４０人になっている。高度経済成長の時代の創価学会の拡大もめざましいが、顕正会もかなりの勢いで伸びてきたことになる。

急激に拡大し公称250万人、実数50万人の信者

ただ、ここで示した会員の数は、顕正会が発表した公称のものである。私が大阪商業大学の調査をもとに試算したところでは、33万人となる。これは、創価学会の２１７万人にははるかに及ばないものの、新宗教教団の信者数で２位の天理教の38万人に次ぐ。創価学会の最大のライバルとされてきた立正佼成会が20万人だから、顕正会が新宗教のなかでも相当に規模が大きいことがわかる。

33万人は最低限の数字だから、顕正会としては、50万人を超える信者を抱えていると考えていることだろう。各種の大会でも、さいたまスーパーアリーナを埋め尽くすなど相当の動員力を誇っている。ここの最大収容人数は３万７５００人である。しかも、大会は男子部、女子部、婦人部の部単位で行われており、それぞれの部でアリーナを満員にしている。

平成の約30年間に、序章でふれた拙著『捨てられる宗教』で示したように、各宗教団体

は軒並み信者数を減らしていった。創価学会もその例外ではなく、平成のはじめの段階では、300万人近い会員を抱えていたはずである。これは、活発に活動し、組織のメンバーとして自覚を持つ会員の数である。

そのなかで伸びている教団としては、『日本の10大新宗教』でも取り上げた真如苑《しんにょえん》があるが、私の試算では真如苑の信者数は17万人で、顕正会にははるかに及ばない。

いったいなぜ顕正会は、平成の時代に急速な拡大を実現できたのだろうか。

それが日蓮正宗による解散処分以降のこととすれば、創価学会と対立するようになったことが関係している可能性が高い。正本堂の建立をめぐって、創価学会を敵対視するようになり、顕正会は打倒すべき標的を持つことができた。しかも、自分たちは、宗祖である日蓮が説いた本門之戒壇、国立戒壇の建立を唯一明確にめざしている団体であるという立場を確立することもできた。これによって、折伏に邁進する明確な布教の目的を見出すことができるようになったのである。

しかも、顕正会が敵対視する創価学会の側には思わぬ事態が生まれる。

1977年1月、池田は創価学会の第9回教学部大会で「仏教史観を語る」という講演を行った。これは、創価学会が日蓮正宗との関係を大きく変えることに結びつくのだが、ここで池田は創価学会の会館は現代の寺院だと位置づけ、供養を受ける資格があるとした。また、池田の著書である『人間革命』を日蓮の文章を集めた御書に匹敵するものとした。これは、創価学会が脱日蓮正宗をめざしたもので、日蓮正宗の側に流れていた会員の金を、創価学会に流れるよう変える試みだった。

ただし、このときには、創価学会は日蓮正宗から厳しく批判され、池田は謝罪せざるを得なくなる。さらに会長の座を下り、名誉会長に退いた。また、日蓮正宗信徒の最高位である法華講総講頭も辞任することとなった。

この出来事によって、創価学会を脱会する人間も生まれた。そのなかには日蓮正宗の檀徒となる者もいたが、顕正会もその受け皿になったのではないか。

そうした人間の数がどの程度にのぼったのか、データがないので不明だが、創価学会の元会員にとって、信者数を飛躍的に伸ばしていきつつあった顕正会には勢いがあり、それはかつての創価学会を彷彿とさせたのではないだろうか。しかも、創価学会が、1969年から1970年にかけての言論出版妨害事件を機に完全に放棄した国立戒壇建立という目標を、顕正会は依然として持っていた。また、顕正会が推し進める徹底した折伏も、かつては創価学会のトレードマークであったが、その当時には鎮静化していた。顕正会には、最盛期の創価学会が再現されていた。そこに魅力を感じる創価学会の元会員がいても不思議ではない。

ただ、創価学会にあって顕正会にないものが一つある。

主張は政治的だが、今のところ政界進出は見られない

それが政界への進出である。

創価学会は、1950年代半ばから政界に進出し、地方議会や参議院で議席を得るようになる。選挙活動は折伏の延長線上にあり、票を増やすことがそのまま会員を増やすことに結びついた。そして、池田が会長になってから、衆議院にも進出し、長く時間はかかったものの、政権入りも果たしている。創価学会の存在が無視できないのは、会員数もさることながら、公明党を通して政治に影響を与えてきたからである。

創価学会の政界進出は、2代会長の戸田城聖の指揮のもとに行われたが、その際に戸田は、国立戒壇の建立だけがその目的であるとまで言い切った。それからすれば、依然として国立戒壇の建立をめざしている顕正会が政治の世界に進出してもおかしくはない。むしろ、それに踏み切って当然である。

顕正会の規模が創価学会にはるかに劣ることは事実だが、旧統一教会と比べれば、信者数はかなり多い。しかも顕正会は、政界で議席を得られる可能性がある。

顕正会の現在のサイトを見ても、見つからないのだが、以前は、都道府県別の会員数を発表していた。それによると、顕正会が広がっている地域は、ほぼ関東に限定されていた。本部はさいたま市の大宮《おおみや》にあるわけだが、それよりも北の地域に地盤があり、それは新潟にまで広がっていた。

ということは、関東の北の地域で議席確保をめざしたならば、その可能性があることを意味する。しかし、顕正会は政界進出を試みてはいない。公明党のような政党も組織していない。その主張はかなり政治的なものに見えるが、現実の政治の場を通して、自分たちの主張を実現しようとはしていないのである。

それは、顕正会が国立戒壇の建立にこだわり続けていながら、それを実現する具体的な手立てを持っていないことを意味している。活動の目標は、折伏によって信者の数を増やしていくことにおかれ、最初は20万人、次は100万人、100万人が達成されると200万人と数が増えた。現在は300万人の折伏をめざしているのだろうが、数が増えても、それをどう国立戒壇の建立に結びつけるのか、その点がはっきりしないのである。

もし顕正会が政党を組織し、国政選挙に候補者を立てていたとしたら、折伏に力を入れてきた信者のエネルギーは選挙活動にむけられたはずで、創価学会以上にそれに熱心になるかもしれない。

だが、その道をとらないことで、顕正会は自己完結してしまっているようにも見える。つまり社会性を持っていないのだ。

それは、顕正会がカルト性を払拭できないことにも結びついている。政党があれば、社会からの評価を受け、ときには批判もされる。それによって政党の母体となった教団のあり方も変化していかざるを得なくなる。それが顕正会にはないのだ。

ただ、すでにふれたように、顕正会の会員が折伏のやりすぎで逮捕されることもなくなっている。それは、この組織が勢いを失いつつあることを意味するのかもしれない。あるいは、病気治しを中心とした穏健な新宗教への道をたどりはじめたということなのかもしれない。顕正会がどちらの道を歩んでいるのか。その答えを出すには、ポスト昭衞の時代がいかなるものになるかを見定める必要がある。

第5章 浄土真宗親鸞会

一般の浄土真宗を異端とする親鸞会

浄土真宗親鸞会《じょうどしんしゅうしんらんかい》の機関紙は『顕正新聞』という。これは、前の章で取り上げた顕正会の機関紙と同名である。

顕正ということばには、「正しい仏の道理」の意味があり、「破邪顕正《はじやけんしょう》」という使われ方をすることが多い。破邪とは、誤った教えである邪義《じやぎ》を打ち破ることをさす。

顕正会の場合の顕正は、創価学会の信仰を邪義とする性格が強いが、親鸞会の場合には、一般の浄土真宗の信仰を邪義ととらえている。それを正すことが組織の目的であるとするならば、親鸞会は浄土真宗のなかに生まれた改革運動であるとも言える。

ただ、浄土真宗の側は、親鸞会こそが「異安心《いあんじん》」であるとする。異安心とは正しい教えに反した見解や解釈をさすやはり仏教の用語だが、これは主に浄土真宗で使われる。

異安心を、他の宗教でも使われることばに直せば、それは「異端《いたん》」である。異端という概念については、これまでふれてこなかったが、カルトと異端が同じ意味で使われることがある。

異端とは何か。

異端という漢語は、もともと儒教を信奉する儒者が用いたもので、諸子百家《しょしひゃっか》のうち儒教以外の教えをさす。それが他の宗教についても用いられるようになったのだが、異端の前提には「正統」がある。正統から逸脱した教えが異端である。

ということは、異端ということばが使われるには、正統が確立されていなければならない。では、正統とは何か。そうした、答えるのが容易ではない問いが生まれてくるところに、正統や異端ということばを使うことの難しさがある。

当然、浄土真宗側は親鸞会を異端ととらえ批判

正統と異端の区別が制度的に明確に行われているのがキリスト教のカトリック教会である。カトリック教会には「公会議」という場があり、それは、ローマ教皇をはじめ各国の枢機卿《すうききょう》などが参加して行われる。古来、公会議では正統となる教義を定めてきた。その上で正しい教義と間違った教義とを区別し、間違った教義を信奉する人間たちを異端として排除してきた。東方正教会も、7回目の公会議までは認めており、それを「全地公会議《ぜんちこうかいぎ》」と呼んでいる。

異端について、「異端審問《しんもん》」が行われたのは、今日からすればカトリック教会の「黒歴《くろれき》

史《し》」にもなるが、公会議がくり返し開かれることで、今日のカトリック教会の教義が正統として確立されてきた。カトリック教会では、あくまでその内部でのことになるが、異端が明確に定義されてきたのである。

こうした正統と異端を区別する仕組みを制度化しているのはカトリック教会だけである。プロテスタントの場合には、個々の人間が聖書にもとづいて自らの信仰を確立すべきであるという立場をとるため、正統となる教義はなく、したがって異端も存在しようがない。

だが、カトリック教会の影響を受けたため、プロテスタントの教会や牧師が、キリスト教系の新宗教に対して異端のレッテルを貼ることがある。異端がカルトと同じ意味で使われるわけである。

これまで取り上げてきた宗教集団のなかで、キリスト教系の旧統一教会やエホバの証人は、カトリック教会からすればまさに異端だが、プロテスタントもそれを異端ととらえてきた。けれども、プロテスタントの場合には、そこに公会議という制度が介在しないので、なぜ旧統一教会やエホバの証人が異端なのか、その根拠を示すことは難しい。結局は、カルトというレッテルを貼るのと同じ問題が生じてくる。カトリック教会からすれば、プロテスタントも教会の権威を否定しているわけだから、異端となってしまうのである。

浄土真宗の場合、それが誕生した時点から、異安心は大きな問題になってきた。晩年の親鸞は京都に戻る。それでも東国《とうごく》には弟子がいて、手紙のやり取りをしていた。それが残されており、弟子は何が正しい教えかを親鸞に尋ねている。また、これは間違った教えではないかと質問している。親鸞が、東国に派遣した実子の善鸞《ぜんらん》を義絶《ぎぜつ》したのも、異安心に陥ったからだとされる（その事実については疑わしいところがある。詳しくは、拙著『新解釈 親鸞と歎異抄《たんにしょう》』〈宝島社新書〉を参照）。

日本の仏教宗派のなかには、教義にことさらこだわるところと、こだわらないところがある。こだわるのは浄土真宗と日蓮宗である。そこには「戒《かい》（戒律《かいりつ》）」の問題がかかわっていて、この二つの宗派では、僧侶になるにあたって授戒《じゅかい》が行われない。それはこの二つの宗派が基本的に在家主義の立場をとり、僧侶の立場が実は十分には確立されていないからで、その分、両宗派の僧侶たちは教義論争に熱心である。そこに自らが僧侶であることのアイデンティティーの根拠を見出そうとするからである。

したがって、浄土真宗は親鸞会を異安心、異端としてとらえてきた。僧侶のなかに、親鸞会を真っ向から批判する論文を執筆する者もあった。紅楳英顕《こうばいえいけん》はその代表的存在で、西《にし》本願寺《ほんがんじ》が刊行している『伝道院紀要《でんどういんきよう》』19号（1977年）に「一念覚知説《いちねんかくち》の研究　高森親鸞《たかもりしんらん》会《かい》の主張とその問題点」を、24号（1979年）には「現代における異義の研究　高森親鸞会の主張とその問題点」を寄稿している。

「葬式や法事ばかりで親鸞の教えを伝えない」と主張

そこで紅楳は何を問題にしているのだろうか。

それが19号のタイトルにもある一念覚知である。見慣れないことばだが、簡単に言ってしまえば、それは信仰を得たことの自覚、それによって往生《おうじょう》が決定したことの自覚である。親鸞会は、今の浄土真宗ではそれが生まれることはないと批判した。紅楳は、そうではないと反批判を展開した。自覚があるかどうかは大きな問題である。

24号の論文では、親鸞会が、高森顕徹《けんてつ》会長の講話を聞かないと救われないとか、親鸞会に寄付することが救いにつながると主張していることを、紅楳は批判した。そのため、1980年には、親鸞会の会員約1000名が京都の浄土真宗本願寺派の総本山、西本願寺に乱入し、抗議集会を開くという実力行使に出たこともあった。暴力を伴った大きな騒動に発展したわけではないが、西本願寺は親鸞会を過激派ととらえたことだろう。

だが、親鸞会の側に立ってみるならば、どうだろうか。こうした抗議活動は、現在の浄十真宗が間違った教えを説いているからで、それを正す破邪顕正の行為ということになる。親鸞会が強く批判するのは、浄土真宗が葬式や法事ばかりを行い、親鸞本人の教えを伝えていない点である。

これは、親鸞の教えを奉じる人間たちのあいだだけの論争であり、その外側にいる一般の人間には関係ないものとも言えるが、親鸞会は一般の人たちにも自分たちの信仰を伝えようとして積極的にアプローチしてきている。そのやり方がカルトではないかという疑いに結びついてきた。

ベストセラーを連発する1万年堂出版という拠点

親鸞会の活動の一つの拠点となってきたのが、2000年に設立された1万年堂出版《いちまんねんどうしゅっぱん》という出版社である。この出版社の名前を知らない人でも、親鸞会をはじめた高森顕徹の著作『歎異抄をひらく』の新聞広告を見た人は少なくないはずだ。「無人島に、1冊もっていくなら『歎異抄』」というキャッチコピーがつけられた本であり、ベストセラーにもなっているので、書店で見かけたという人もいるだろう。

ちなみに「無人島に、1冊もっていくなら『歎異抄』」と言い出したのは作家の司馬遼《しばりょう》太郎《たろう》で、親鸞会では、これを巧みに宣伝文句に使っている。

最近では、高森が監修した1万年堂出版の『歎異抄ってなんだろう』や『人生の目的』もベストセラーになっている。親鸞会とは知らずに、こうした書物を手に取る人も少なくないだろう。

『歎異抄をひらく』はアニメ映画（2019年）にもなっていて、石坂浩二《いしざかこうじ》などが声で出演している。これは親鸞と『歎異抄』の著者とされる弟子の唯円《ゆいえん》の物語である。石坂が親鸞役だ。アニメ映画はもう一つ、『なぜ生きる――蓮如上人《れんにょしょうにん》と吉崎炎上《よしざきえんじょう》』（2016年）も製作されており、こちらは里見浩太朗《さとみこうたろう》が、浄土真宗中興《ちゅうこう》の祖《そ》、蓮如役ではじめて声優をつとめている。『歎異抄をひらく』と『なぜ生きる』の上映会は、現在でも各地の自治体の会館を使って続けられている。

出版事業は、どの宗教団体においても教えを広げる手段として積極的に活用されている。新聞に大きな広告を出すところも少なくない。映画の製作を行うような宗教団体もある。創価学会の『人間革命』や『続人間革命』は、記録的な大ヒットとなった。また、次の章で取り上げる幸福の科学では、近年、実写映画やアニメ映画を数多く製作している。

その点で、親鸞会が出版や映画に力を入れてきたのは格別目新しいことでも特別なことでもない。ただ、1万年堂出版という名称からは、それが親鸞会の出版社であるかどうかは分からない。また、著者や監修者についても、親鸞会との関係はまったく示されていない。

正体を隠しての大学生への勧誘が社会問題化

親鸞会が発足したのは1958年のことだが、活動のピークは1988年から2001年までとされる。そのピークの時期に問題とされたのが、親鸞会の勧誘の仕方で、それは「偽装勧誘」として批判された。つまり、表だって親鸞会とは名乗らずに勧誘を行っているというのだ。

偽装勧誘は、カルトと評される集団についてしばしば指摘されることである。旧統一教会もオウム真理教の後継教団も、そうしたやり方をとっていると言われてきた。

なぜ偽装勧誘が行われるのか。それは、正体を明かすと、カルトとして警戒されるからである。親鸞会であれば、浄土真宗の側は危険な集団であると、さまざまな形で警告を発してきた。

そういう状態で、親鸞会と名乗れば、人は近づいてこない。そこで正体を隠しての勧誘が行われるというわけである。

しかし、偽装勧誘には、方法として有効な面がある。正体を明かして勧誘するよりも、正体を隠してそれを行った方が効果があるのだ。その点を見過ごしてはならない。

親鸞会の場合、大学生を勧誘する際に、とくにこの方法が用いられた。活動がピークの時期、親鸞会では一番のターゲットを大学の新入生に定め、彼らに対して、まず「人生の目的を考えてみないか」と問い掛けることからはじめたのである。

受験勉強に明け暮れ、ようやく大学に合格した新入生には、自らの人生の目的を考えた経験などほとんどないはずだ。しかし、そう問い掛けられてみると、自分には大学に合格する以外、生きていく上でのはっきりとした目的などないことに気づかされる。しかも、地方から都会の大学に出てきたばかりの新入生であれば、生活環境の変化に戸惑いを覚えていて、これからの大学生活に不安を感じている。親鸞会はそこを突いたのだ。それは、かつての原理研究会と同じだった。旧統一教会と親鸞会は、教えの中身は違うものの、異なる時代に同じ手法を用いて新しい信者を開拓していったと見ることができる。

親鸞会では、「後生《ごしょう》の一大事《いちだいじ》」ということを強調する。後生とは死後のことであり、その一大事とは、死後には必ず地獄に堕《お》ちなければならないことを意味する。親鸞の言行録である『歎異抄』の第2章には、「地獄《じごく》は一定《いちじょう》すみかぞかし」ということばがある。自分は地獄に堕ちる定めだというのだ。親鸞会は、そうした後生の一大事を解決することこそが人生の目的だと迫ってくるのである。

親鸞会の特徴は、新入生を勧誘する側にまわる2年生の育成に力を入れたことである。彼らも新入生のときに勧誘されたわけだが、勧誘された側を勧誘する側に変え、鍛えることで、彼らの信仰を固め、それで組織の基盤を作り上げていった。なかなか巧妙なやり方である。

徐々に秘密を明かし、会費は月額3000円から100万円

親鸞会は勧誘を行う際、最初は、自分たちが宗教団体だとは明かさない。親鸞会の名ももちろん出さない。一般のサークルのように装ってアプローチを掛けていく。そのやり方が具体的にどういったものだったのか、2001年からおよそ8年にわたって会員だった人物は次のように語っている。

入学手続きのために大学のキャンパスを訪れると、「入学おめでとうコーナー」と書かれた出店があり、そこで人生の目的とは何かについて教えてくれる哲学系のサークルがあ

ると教えられた。そこでサークルの部室に行ってみると、紙芝居のようなものを見せられた上、上級生からは、「たとえ望みのものを手に入れても、最後は死によってすべてのものから裏切られる。しかし僕らと一緒に学べば、決して裏切らない絶対の幸福を手に入れることができる」と聞かされた。上級生は、すでにそうした幸福を得ていると言いきるのだ。

　そこでサークルの部室に通うようになると、次第に宗教色の濃い話を聞かされるようになり、それが浄土真宗の教えにもとづくものだということを教えられる。そして、５月の連休に河口湖《かわぐちこ》で行われた新歓合宿で、はじめて親鸞会であることを告げられたというのである（古川琢也《ふるかわたくや》「私たちはなぜ親鸞会を辞めたか―元会員たちに聞くその壮絶な精神的・金銭的負担の実態」『宗教問題』15号、２０１６年夏）。

　勧誘される側にしてみれば、自分がその集団に深く入っていくにつれて、集団の秘密を徐々に明かされているように受け取れる。それは、自分が特別に選ばれた人間であるという意識を生む。それが親鸞会に入信し、熱心に活動していくことに結びつく。最初から親鸞会という宗教団体だと告げられていれば、そうはならない。その点で、親鸞会にとって偽装勧誘は、有効な勧誘の方法と認識されているわけである。また、それを捨てられない理由にもなっている。

勧誘された後、親鸞会の会員になってからの活動としてもっとも重視されるのが、「聴聞《ちょうもん》」である。

学生に対しては、親鸞会の講師が部室を訪れ聴聞会を週に3、4回開くのだが、それより重要なのは、会長である高森の説法を直接に聴くことである。親鸞会の本部は富山県射水《いみず》市にある（1988年までは同県高岡《たかおか》市にあった）。高森はそこでも説法を行うが、全国をまわって週末ごとに説法会も開いてきた。熱心な会員は、それにすべて参加することを当然のこととしてきたのである。

もちろん、会員は自前でそれに参加する。活動に熱心になればなるほど、費用がかかる。ただ、交通費や宿泊費が親鸞会の収入になるわけではない。聴聞には「ご報謝《ほうしゃ》」という寄付をしなければならない。そのほかに、会費も支払わなければならない。

会費について、現在の親鸞会のサイトでは月々5000円とされている。これ自体、宗教団体の会費としては高い。だが、古川の記事などでは、会費は月3000円から月10万円まで12の種類があるとされている。学生の場合は月2000円である。どちらが正しいのかはっきりしないが、あるいは批判を受けて、会費を一律5000円に全体としては下げたのだろうか。10万円以上会費を払うと、福徳《ふくとく》会員と呼ばれ、特別なバッジを身につけ、行事では前の方に座れる。もっとも月100万円の会費となれば、現実にはあり得ない気もする。

当初は北陸の小団体、謎多き高森顕徹会長

なぜ、高森の説法を聴聞することが不可欠とされるのだろうか。

それは高森の存在が親鸞会において高く位置づけられているからである。親鸞会では、高森は、「蓮如の歿後《ぼつご》、四百数十年ぶりに出現した善知識《ぜんちしき》」とされている。善知識とは仏教の用語で、高僧や正しい教えを説く者のことを言う。善知識に明確な定義があるわけではないが、浄土真宗では、親鸞の血を引く代々の門主《もんしゅ》（門首《もんしゅ》）が善知識とされている。親鸞会は、蓮如の後の門主たちを善知識とは認めていない。

高森は1929年2月6日に浄土真宗本願寺派（西本願寺）の寺院の次男として富山県氷見《ひみ》市に生まれた。戦時中は特攻隊に志願したとされている。この体験が親鸞会で死が強調されることに影響した可能性がある（森葉月「浄土真宗親鸞会―「ファンダメンタリズム」論の再検討に向けて」国際基督教大学学報Ⅲ-A、1998年）。

復員した後、京都の浄土真宗の信者団体で、真宗興正派学頭《しんしゅうこうしょうはがくとう》の伊藤康善《いとうこうぜん》が創始した浄土真宗華光会《けこうかい》に参加し、18歳のときに「信心決定《しんじんけつじょう》」したとされる。信心決定は、親鸞会のキーワードであるが、もともとは阿弥陀仏による救いを信じる心が定まったことを意味する浄土真宗特有の用語である。親鸞会では、それこそが人生の目的を定めることにつながり、聴聞をくり返すのもそのためであるとされる。

高森は浄土真宗本願寺派の僧侶となり、１９５２年には高森を含めわずか33名で親鸞会の前身となる徹信会をはじめる。１９５７年には高岡市前田町に徹信会館を建て、１９５８年には宗教法人としての認証を受けて浄土真宗親鸞会を創設している。１９７０年には僧籍から離れる。本願寺派を批判するようになり、そのために破門されたからだという。

親鸞会については、学術的な調査研究は少ないのだが、２０１６年に『宗教問題』15号が、「親鸞会とは何か　真宗王国・北陸に屹立《きつりつ》する〝親鸞原理主義教団〟の現在」という形で特集した。しかも、同誌の編集長である小川寛大《おがわかんだい》は、高森に直接インタビューもしている。

その『宗教問題』の特集のなかにおさめられた宮田秀成《みやたひでなり》「元親鸞会会員が見た高森会長中心の〝問題教団〟の姿」では、設立当初の親鸞会は、真宗地帯《しんしゅうちたい》とされる北陸３県のほかは滋賀県と岐阜県を中心とした小さな団体に過ぎなかったとされている。

推定1万人程度の信者数だが、総工費140億円の正本堂

ところが、1973年に福井大学から、すでにふれた偽装勧誘の活動をはじめることで、かなりの勢いで伸びていった。最盛期には学生会員の数は1000人に達したという。大学卒業後も活動を続ける会員も現れ、親鸞会の専任講師となったり、医者や弁護士になる人間も生まれた。高森の発案で、そうした教団エリートは「特専部《とくせんぶ》」として組織化された。

1988年には、富山射水市に25億円の費用をかけて親鸞会館が建設され、その後平成の時代に入ると、親鸞会は「大顕正戦《だいけんしょうせん》30」に打って出た。これは会員の30パーセント増加をめざしたもので、日本全国に親鸞会の支部が誕生し、さらにはすでに述べたアニメ映画の製作や出版事業の展開へと結びついていった。法話会場も、東京国際フォーラムやさいたまスーパーアリーナといった大規模施設が用いられ、海外にも支部ができた。

2004年には、本部に「正本堂」と呼ばれる建物が建てられた。この呼び名は、創価学会や顕正会の会員の寄付で日蓮正宗の総本山、大石寺に建てられた正本堂と同じである。大石寺の正本堂の方は、創価学会が日蓮正宗と決別した後の1998年に解体されている

が、あるいは、親鸞会の正本堂の命名にはそれが関係していたのかもしれない。自分たちこそが正しい仏法を信奉しているとアピールするためである。

親鸞会の正本堂は、二千畳敷《にせんじょうじ》きであることから、「二千畳」とも呼ばれるが、東西本願寺の本堂よりも広いことを誇っている。総工費は140億円とされる。宮田は、親鸞会の活動家は5000人で、名前だけの会員を含めると1万人と推測している。140億円を1万人で割ると、一人あたり140万円にもなってしまう。

果たして親鸞会の会員はどの程度いるのだろうか。私が推計に使う大阪商業大学の調査では、親鸞会の会員はまったく出てこない。ただ、親鸞会は浄土真宗を名乗っているわけで、回答者が信仰を聞かれて、浄土真宗と答えている可能性は十分にあり得る。

小川が高森にインタビューをした際、法話の会場となった二千畳を訪れているが、小川を案内した親鸞会の人間からは、その収容人数は1万人と言われたという。その日、8割がた埋まっていて、8000人が来ていると言われたというのだが、一畳で4人というのはかなり窮屈である。その日集まっていたのは、5000人から6000人程度ではなかっただろうか。会員全員が来ているわけではないはずだから、1万人を少し超えるというのが親鸞会全体の会員数かもしれない。

95歳になった高森は、現在でも、毎月二千畳敷で説法を行っている。ただ、その息子である高森光晴《みつはる》が代行している部分もあるようだ。

高森が高齢になるにつれて、親鸞会もかつての激しさを失い、会としての勢いがなくなってきたようにも思われる。世間の風当たりもあり、偽装勧誘もかなり難しくなっているのではないだろうか。

ただ、1万年堂出版の本は、今でも売れ続けている。その影響はどのようなものなのだろうか。実は、最近の浄土真宗本願寺派は、その教えを示した「領解文《りようげぶん》」の改変をめぐってもめている。今後、親鸞会がそのことを問題視することで、浄土真宗本願寺派にゆさぶりをかけるようになるかもしれない。その点で、親鸞会の今後の動向が注目されるのだ。

第6章　幸福の科学

文科省に認可されなかった大学設置

私は2007年に、本書の前身となる『日本の10大新宗教』を同じ幻冬舎新書の一冊として刊行した。それから16年余の歳月が経っているが、もし今、同じタイトルの本を書くとしたら、幸福の科学もそのなかに含めることを考えるはずだ。代わりに何を外《はず》すかは難しい問題でもあるが、GLA《ジーエルエー》を外し、GLAについては幸福の科学のなかでふれることになるかもしれない。この二つの教団には一定の関係があるからである。

信者数では、幸福の科学の方がGLAよりもかなり多い。これまで使ってきた大阪商業大学の調査をもとにすると、幸福の科学の信者数は3万8000人である。これは新宗教として16番目で、一方、GLAの方は20年にわたる調査で、自分は信者であるという人間は2人しか現れていない。規模はかなり異なると考えていいだろう。

さらに幸福の科学の場合には、「幸福実現党《こうふくじつげんとう》」という政党を作っているし、「幸福の科学学園」という学校法人も運営している。本書で取り上げる他の集団には、政党や学校を持つところはない。

政党は届け出さえすれば作れる。しかも、幸福実現党は何度か国政選挙に候補者を立てているものの一度も当選者を出していない。一人、現職の国会議員が入党したこともあったが、すぐに離党している。そのため世間は幸福実現党を泡沫政党として扱っているが、全国各地の市議選や町議選では当選者を出しており、その総数は50名を超えている。

幸福の科学学園の方は、栃木県那須郡《なすぐん》那須町《なすまち》と滋賀県大津市《おおつし》にあり、ともに中高一貫校である。東京大学をはじめ国立大学や有名私立大学の合格者も生まれている。

宗教法人の場合には、条件さえそろっていれば認められる「認証」だが、学校法人になると、細かく定められた条件をすべてクリアーしなければならない「認可」である。宗教団体が認可された学校を経営しているということは、社会に対して開かれていることを意味する。政党の存在も同様で、市議や町議といった地方議員は地域に対して貢献をしている。そうした実績がなければ当選できないはずだ。学校や政党の存在は、その集団がカルト性を脱しつつある一つの証になるのではないだろうか。

ただ、幸福の科学学園では、２０１４年と２０１９年に幸福の科学大学の設置をめざし、申請を試みたものの認可されなかった。教育の柱に、幸福の科学の創立者である大川隆法《おおかわりゅうほう》による「霊言」を据《す》えたことが問題視された。また、その当時の文部科学大臣の霊言集を出版したり、教団の出版物を審議会の委員に大量に送りつけたことも、認可に至らなかった要因になっている。

2度目の申請の際には、認可の見通しが立たなかったことから、学園の側で申請を取り下げている。その代わりに、すでに施設の建設が行われていたため、幸福の科学大学は「ハッピー・サイエンス・ユニバーシティ(HSU)」として開学し、教団の私塾として運営され、学生が在籍している。

もし幸福の科学大学が認可され、開学していたとしたら、幸福の科学の教団はより社会に開かれていったであろう。教団は、その機会を逸したことになる。大学の開学は、カルト性を脱する切り札になったかもしれない。

幸福の科学大学の2度目の認可申請を行った際に、霊言を教育の中心に据えない方向に転換し、カリキュラムの内容を大幅に変えていたら、あるいは認可に一歩近づいていたかもしれない。だが、教団の側は譲歩しなかった。

他の宗教系の大学では、それぞれの教団の教えが根幹に据えられている。キリスト教系の大学なら、キリスト教学や聖書が必修科目になっているし、天理教の創設した天理大学でも人間学部宗教学科では天理教学がカリキュラムの中核をなしている。そうした事例があるわけだから、霊言を中心とした幸福の科学の教学を中心に据えてもかまわないのではないか、それが教団の主張だった。だが、その主張は文部科学省には受け入れられなかったのである。

さまざまな点からして、幸福の科学は新宗教とカルトの境目に位置している。だが、かつての幸福の科学が相当に過激な部分を持っていたことも事実である。

東大卒の創始者、著名人・エリートの信者と、激しい抗議活動

幸福の科学が宗教法人の認証を受けたのは1991年3月のことだった。それがその年の7月の時点で、信者数は152万人を超えたと発表された。

しかも、7月15日には、東京ドームを使って、大川の誕生日を記念して「御生誕祭」という大規模なイベントが開かれた。それにむけて、教団では大川の著書を宣伝するため派手なテレビ・コマーシャルを打ち続けた。これで一気に幸福の科学の存在が世の中に知られることになるが、宣伝を担ったのは大手の広告代理店だった。後に大川は、さいたまスーパーアリーナで開かれた講演会で、広告代理店には相当な額を支払わされたと言い、その点を後悔するような発言をしていた。

東京ドームのイベントは、レーザー光線や照明を多用した派手な演出が施されていたが、そのシナリオを書いたのは、信者となった直木賞《なおきしょう》作家の景山民夫《かげやまたみお》であった。また、司会をつとめたのは、やはり信者で女優の小川知子《おがわともこ》であった。私も、このイベントは見に行った。しかも、その時代、幸福の科学が本部を構えたのは、2年前に完成したばかりの26階建ての紀尾井町《きおいちょう》ビルだった。低層部分はオフィス用だが、高層部分は高級なレジデンスになっており、昨今流行しているタワーマンションの先駆けとなるビルだった。このビルが完成した１９８９年は、まさにバブル経済の最盛期であった。

さらに、幸福の科学を特徴づけたのが、創始者で、総裁を名乗る大川のキャリアだった。東京ドームでの御生誕祭で大川は35歳を迎えたばかりで、何より若かった。しかも、東京大学の法学部を卒業し、総合商社に勤務した経験を持っていた。新宗教のリーダーのなかには、代を重ねると東大卒が現れることがある。天理教の中山正善《なかやましょうぜん》や、霊友会の久保《くぼ》継成《つぐなり》などがその代表だが、創設者が東大卒というのは大川がはじめてだった。なお、大川の出生名は中川隆《なかがわたかし》だが、１９８５年に宗教家としての活動をはじめたときから大川隆法を名乗り、その後戸籍も変更している。

エリートだったのは、創始者だけではない。幸福の科学の幹部には、大阪大学医学部の助教授を退職してきた人間もいた。信者にかんしても、大企業の社員、経済新聞の記者、通産省の官僚など、社会の第一線で活躍している人間が含まれていた。景山や小川も著名人で、その頃テレビで活躍していたある経済評論家も信者であることを公言していた。

従来の新宗教の場合、そうした教団に入信してくる人々は「貧病争」からの解放を何よりも願っており、庶民が大半を占めていた。その点で、幸福の科学は、それまでの新宗教に対するイメージを根本から覆《くつがえ》すことになった。それは、同じ時代に台頭したオウム真理教とも共通した。

オウム真理教の場合、ヨーガを基盤とした修行が売り物で、バブルの金余りの風潮についていけないと感じていた人間が入信していった。幸福の科学の場合には、それとは反対に、社会でいかに成功するかに主眼がおかれていた。どちらの教団にも「出家」という制度があったが、オウム真理教では世俗の生活を捨て、教団で生活することを意味したのに対して、幸福の科学では教団の職員になることが出家だった。そこには、二つの教団の姿勢の違いが示されていた。

突如として新しいタイプの宗教団体として世の中に登場した幸福の科学であったが、急速な拡大ぶりが、世間の警戒感を強めることになり、メディアからの批判を受けることとなった。それに対して幸福の科学は抗議活動を展開するが、名誉毀損《めいよきそん》で訴訟を行うだけではなく、出版社に大量のファックスを送りつけるなど実力行使にも出た。その後、教団は億を超える巨額の損害賠償を請求する訴訟を連発し、私も訴えられた。その訴訟については、後に教団が訴えを取り下げている。

角川文庫に大川隆法の著作が13タイトルも収録

こうした抗議活動は、教祖や信者にエリートが多いという幸福の科学のイメージにはそぐわないものであった。私も、テレビで幸福の科学の幹部と激しく論争をしたことがあるが、批判者に対してはかなり攻撃的な姿勢を示した。そこには、景山や小川が、学園紛争華やかなりし時代に青春時代を送った団塊《だんかい》の世代に属していたことが一つの要因になっていたようにも思うが、もう一つ、創価学会から幸福の科学に移ってきた幹部がいたためではないだろうか。

私がテレビで論争した幹部も、元創価学会の幹部だった。かつての創価学会は激しい折伏で知られたが、おそらくその幹部は先頭に立って折伏を行っていたのであろう。他にも、同じような経歴を持つ幹部がいた。

創価学会は、もっとも規模の大きな新宗教であり、かつて信者であったという人間は少なくない。なかには、創価学会のあり方に疑問を感じるなどして他の新宗教に移っていた者もいる。そうした人間は、創価学会の会員であった時代に、組織を運営するノウハウを身につけているため、それが他の教団で役に立ち、幹部として活躍するようになるのである。

私と論争した元創価学会の幹部は、途中でいきなり、「一念三千《いちねんさんぜん》こそ真理だ」と言い出した。当時の私は、まだ創価学会について研究をはじめていなかったので、その意味が分からなかったが、一念三千は日蓮に由来する創価学会の中心的な教えである。その幹部は、創価学会時代の折伏のやり方をそのまま私との議論に持ち出したことになる。

では、幸福の科学の特徴はいったいどこにあるのだろうか。

幸福の科学と言えば、すでにふれた霊言がよく知られている。総裁である大川のもとには、さまざまな人物の守護霊が降り、守護霊は霊言を発してきた。霊言は書物にまとめられ、教団系列の幸福の科学出版から刊行されている。刊行された霊言集の数は600冊を超えている。

ただ、大川の著作は霊言集だけにはとどまらない。中心となるのは、その教えを説いた

「法シリーズ」で、1987年の『太陽の法』以来、2022年の『地獄の法』まで29冊が刊行されている。このうち『太陽の法』『黄金の法』『永遠の法』は角川文庫に入ったこともある。角川文庫に入った大川の著作は、それを含め全部で13冊にも及んでいた。大手出版社が続けざまに大川の著作を刊行したことは、当時、その信者が爆発的に増えていたからだろう。街中で、大川隆法のイニシアル「OR」をかたどったペンダントを首から下げている人間も見かけた。

2021年以降になると、大川は小説の執筆も行っており、それは、SF的なものと自伝的なものの二つの種類に分けられる。大川の著作は全体で3150冊に及ぶ。また、説法の回数も3500回に達する。著作のなかにはベストセラーになったものもあり、おそらく世界の歴史のなかでもっとも多くの著作を刊行した人物であるのは間違いないであろう。

釈迦の生まれ変わりと称する教祖とGLAの関係

では、幸福の科学の教えはどのようなものなのだろうか。

幸福の科学では、『仏説《ぶっせつ》・正心法語《しょうしんほうご》』を聖典に定めている。仏説とあるように、仏教の創唱者である釈迦によって説かれた教えが根本にあり、幸福の科学は仏教教団であることになる。

大川は自らを「再誕の仏陀《ぶつだ》」と称している。仏陀の生まれ変わりだというわけだ。仏陀とは悟りを開いた人物のことをさす。その点では、大川も悟りを開いた人物であるということになるが、いつ悟りを開いたのか、それは説明されていない。

それに相当すると考えられるのが、総合商社に入社する前、大学を卒業する直前の体験である。1981年3月23日、日蓮の弟子の一人である日興から通信があり、それから1週間ほど経つと日蓮からも通信があった。そこから日蓮の霊と交流し、日蓮からは、「人を愛し、人を生かし、人を許せ、人を信じ、世を信じ、神を信じよ」というメッセージを下された。これが、1985年に刊行される大川の最初の本、『日蓮聖人の霊言』に結びつく。

ここで注目しなければならないのは、大川の家族の存在である。父の中川忠義《なかがわただよし》は、もともと宗教に関心をもっており、GLAの教祖である高橋信次《たかはししんじ》や生長の家の教祖である谷口雅春の信仰に関心をもっていた。そのため、大川に日蓮から通信があって以降、大川と父、さらには大川の兄の3人で霊的な実験、降霊会《こうれいかい》が徳島にある大川の実家で正月や夏の休みに行われるようになる。それが休みにしか行われなかったのは、大川は総合商社に勤務するようになっていたからである。

大川に最初、日興の霊が降ったことの意味は大きい。というのも、日興からはじまる富《ふ》士門流《じもんりゅう》には、創価学会が創立以来60年間にわたって密接な関係を持っていた日蓮正宗が連なっているからである。顕正会と同じだ。日興の霊が最初に大川に降りたことや『日蓮聖人の霊言』の刊行は、創価学会の会員の関心を呼ぶ。元創価学会の人間が初期の幸福の科学の幹部になったのもそれが関係しているのだろう。

また、高橋信次の霊も降ったのだが、そのことも大きい。高橋は実業家でもあったが、1960年代の終わりから宗教活動をはじめるようになり、彼にはさまざまな存在の守護霊が降るようになる。そこから高橋のもとには、霊現象に関心を持つ人間たちが集まるようになる。それは1969年の大宇宙神光会《だいうちゅうしんこうかい》設立から1970年のGLAへの改称に発展し、1973年には宗教法人に認証されている。

ところが、高橋は1976年に48歳の若さで亡くなってしまう。GLAは娘の佳子《けいこ》が継ぐことになるが、佳子がアイドル路線をとり、派手な活動を展開したことから、会員のあいだに反発を招き、分派も生まれた。

幸福の科学がＧＬＡの分派というわけではなく、二つの教団に直接の関係はないものの、大川に高橋の霊が降り、その霊言集が刊行されることで、ＧＬＡの内部分裂で行き場を失っていた会員が幸福の科学に移ってくるという事態も生まれた。

エンターテイメントの要素が強い「霊言集」と平易な教義

その点で、幸福の科学は、創価学会やＧＬＡ、さらには生長の家などの信者、元信者の受け皿的な役割を果たしたことになる。それが、一気に規模が拡大する要因になったのではないだろうか。

幸福の科学の霊言の特徴は、それが公開で行われるところにある。その場で大川が霊を呼ぶと、すぐに降霊し、守護霊が語り出す。守護霊が一方的に語るのではなく、その場には2、3人の幹部が控えていて、守護霊とのあいだで対話を行う。それを会員たちが会場で直接に、あるいは映像を通して見るのだ。

守護霊であるために、対象となる人物は故人の場合もあれば、今生きている人物の場合もある。日蓮であろうと、イエス・キリストであろうと、さらにはプーチンやトランプであろうと、そのとき注目を集めている人物を中心に守護霊が降りてきて、語り出す。

実は、私の守護霊も降りたことがあり、それは、2014年に『宗教学者「X」の変心』という霊言集にまとめられている。匿名で出てきた例は他にないので、その理由は不明である。私本人からすると、守護霊が私の本心を語っているというよりも、大川が求めていることを守護霊が語っているようにも思えた。

守護霊が降る人物が時の人であれば、皆、その本音を知りたいと思う。霊言は、そうした欲求を満たす役割を果たすものであり、信者たちは、守護霊は本人に成り代わって本音を語っていると受けとる。守護霊は、本人の本音の解説者の役割を果たしているとも言える。

それだけではなく、公開の霊言にはエンターテイメントの要素がある。聞き手となった幹部たちは、守護霊を追い詰め、その前世を明らかにしようと迫る。すると守護霊は慌て出し、なんとか前世を明かさないようにしようとするのだが、最後には、前世がどういった存在であったかを暴露してしまう。守護霊の狼狽《ろうばい》ぶりが面白く、信者たちはそれに爆笑する。その光景ははた目には、信者が教祖を笑いものにしているようにも見える。

もちろん、こうした霊言が幸福の科学の教えであるわけではない。守護霊は教えを語る存在ではないからである。

聖典である『仏説・正心法語』は「大宇宙に光あり 光は仏の生命なり 生命によりて人は生き 生命によりて歴史あり 生命は永遠に普遍なり」ではじまる。そこで説かれていることは、仏教の教えをもとにした道徳であり、人生の指針である。幸福の科学では、基本教義は「正しき心の探究」であり、実践指針は、「四正道《よんしょうどう》」からなる幸福の原理であるとする。

仏教の基本的な教えに「八正道《はっしょうどう》」があることはよく知られており、大川の著作にも八正道を説いたものがある。四正道の方は、それとは構成する要素が異なっており、愛、知、反省、発展からなっている。この四つにはそれぞれ原理があり、それを実践することが正しい心の探究に結びつくとされるのである。

大川の説く仏教の教えは、難しいものではなく、多くの人が理解できる平易《へいい》なものである。その点では、仏教の哲学的な側面に関心を持つ人間には物足らないであろうが、この世の中で平安にまた豊かに暮らしたいと願う人間には、そちらの方が好ましい。仏教の流れのなかでは、高度な哲学が展開される大乗仏教《だいじょうぶっきょう》よりも日常に生かしやすい部派仏教《ぶはぶっきょう》に近い。

幸福の科学の信者たちがどういう人間たちなのか、それは、教団が製作している映画のエンドロールを見ると分かる。そこには製作に協力した人間の名前や所属する組織があげられているが、多いのは中小企業や医院である。教団を経済的に支えているのも、そうした中小企業のオーナーや開業医たちである。かつて作られたイメージとは異なり、エリートが大半を占めているわけではない。

死して火葬されない教祖

ただ、最近になって、幸福の科学は重大な問題を抱えることになった。創設者で総裁である大川が66歳で亡くなってしまったのである。

それはニュースにもなったが、その後の展開は予想外のものだった。

大川は、2004年にも、心臓の病で生死の境をさ迷っている。そのときは奇蹟的に復活をとげるが、2023年2月28日、自宅で倒れ、心肺停止《しんぱいていし》の状態で病院に搬送された。そこから治療が行われたのだが、3月2日午前に死亡が確認されている。

私は、倒れたという2月28日に、テレビに出演したのだが、そのとき、宗教界に大きな出来事が起こっているらしいということをテレビ局の人間から聞かされた。ただ、その日は確認がとれなかったし、それが何をさすのか分からなかった。だが、翌3月1日には、ある筋から大川が亡くなったということが伝えられた。

人が亡くなれば、葬儀が営まれる。まして、教団の総裁ともなれば、盛大な葬儀が営まれるのが一般的である。実際、大川が亡くなった2023年には、顕正会の浅井昭衞や創価学会の池田大作が亡くなっている。ともに、盛大な教団葬が営まれた。

ところが、幸福の科学では、大川の葬儀を行わないばかりか、死亡した事実も公表しなかった。現在でも同じで、教団のサイトを見ても、大川が亡くなったことには一言もふれられていない。死亡届は出されているものの、教団においては死んだことにはなっていないのだ。

しかも、大川の遺体が火葬されたとは伝えられていない。教団の側が、火葬された事実はないと、それを明確に否定したこともあった。その後も火葬されたという情報は伝わっていない。

火葬されていないのだとしたら、遺体はどうなっているのだろうか。「墓地、埋葬等に関する法律」では、死後24時間が経過しなければ火葬はできないと規定されているものの、いつまでに火葬をしなければならないとは定められていない。

火葬していないのだとすれば、土葬されたのだろうか。そこが今の時点では分からない。

教団の幹部に聞いても、自分は知らないということだった。世間の常識からすれば、理解できない死後の扱い方である。

日本の宗教教団のなかには、宗祖や教祖が亡くなっても、生き続けているという信仰を持ち続けているところがある。真言宗《しんごんしゅう》の宗祖である空海《くうかい》が、高野山《こうやさん》の奥之院で生き続けているとされ、毎日食事も供えられていることはよく知られているが、実は、空海と同時代の天台宗《てんだいしゅう》の宗祖・最澄《さいちょう》も、比叡山《ひえいざん》の浄土院《じょうどいん》で生き続けているとされる。さらに、近代の事例としては、天理教の教祖、中山《なかやま》みきの場合も、教会本部の教祖殿《きょうそでん》で生き続けているとされる。

「滅びるのは肉体だけ」と復活の祈りを捧げる信者

幸福の科学の場合には、これとは意味が違う。

もちろん教団も、大川が亡くなったこと自体は認めていないわけではないのだが、死んだのはあくまで大川の肉体であるとする。大川は生前、再誕の仏陀であるとともに、自らを宇宙の至上神《しじょうしん》であるエル・カンターレと位置づけていた。仏であるとともに神だというわけである。なお、エル・カンターレは、最初、ＧＬＡの高橋信次が唱えたものである。

その由来はともかく、大川は神であった。多神教の世界では、日本の神話に見られるように、神が死ぬことはある。伊邪那岐命《いざなきのみこと》は、死んで黄泉《よみ》の国へ行った。

しかし、宇宙の至上神が死ぬことは考えられない。一神教の世界では、近代になって哲学者のニーチェが神の死を宣告しているが、それが一神教の信者に受け入れられたわけではない。基本的に宇宙を創造した神は永遠の存在である。

大川が神である以上、死ぬことはあり得ない。教団の、常識からは逸脱した対応策は、その点をもとにしている。これからも、大川の葬儀が行われたり、死亡したとされたりすることはないのであろう。

では、信者はその事態にどう対応しているのだろうか。信者は、大川の死亡が伝えられてから、「復活の祈り」を捧げている。これは、2004年に大川が心臓の病で倒れたときにも行われており、その際には、大川は復活した。

しかし、今回は、死亡が宣告されている以上、復活はあり得ない。だが、信者は、その復活に強い期待をかけている。そして、通常の信仰活動、教団活動は、以前と同じような形で続けられている。

これは、初期のキリスト教徒が直面した事態と似ている。イエス・キリストは、十字架にかけられて死んでから墓に葬られたものの、3日目に復活し、弟子たちの前に姿を現し、ことばも交わした。

その後、天に昇るが、最後の審判が行われる際には、ふたたび地上に降ってくる、つまりは再臨すると信じられた。結局、再臨という事態は起こっていないのだが、キリスト教の信者は、少なくとも建前上、今でもそれを信じていることになる。

その間に、キリスト教では教会の制度が発達し、そこが救済の機能を発揮するとされるようになるが、幸福の科学の場合には、今後、どうなっていくのだろうか。そこが注目されるところである。

大川の死後にも、生前に行われた講演をまとめた本が刊行された。会員以外には理解しにくい教団の対応だが、かといって大川の復活を熱狂的に信じ続けているようにも思えない。この事態をどう乗り越えるかで、幸福の科学が新宗教として定着できるか否かが決まるであろう。

第7章 サイエントロジー

T・クルーズ、J・トラボルタ、C・コリアと「恐怖の教会」

サイエントロジーはアメリカ合衆国に生まれた宗教団体である。ただ、キリスト教系とは言えない。

アメリカのサイエントロジーには、著名人が入信しており、その代表がトム・クルーズとジョン・トラボルタである。その点でハリウッド・セレブの宗教というイメージがあるが、一方では、カルトの代表と見なされることも少なくない。

私は、高校時代以来のジャズファンで、ジャズの世界には興味を持ってきたが、ピアニストのチック・コリアもサイエントロジーの信者だった。

チック・コリアの代表的なアルバムの一つに、『A．R．C．』がある。トリオによる演奏で、デイブ・ホランドのベースとバリー・アルトシュルのドラムスが共演している。黒い色のジャケットの表には白で正三角形が描かれ、AとR、そしてCの文字が、その正三角形の内部に描かれた3つの小さな正三角形のなかにそれぞれおさまっている。そのため、真ん中には逆さの正三角形ができているが、そのなかは空白である。

このジャケットを見ただけでは、A．R．C．が何を意味しているか分からないし、多くのファンは意味を考えることもないだろう。だがそれは、サイエントロジーが重視する基本的な原理を示している。Aはアフィニティ（Affinity）で、親愛の情を意味する。Rはリアリティ（Reality）で現実性を、そして、Cはコミュニケーション（Communication）で、これは日本語でもコミュニケーションである。サイエントロジーでは、この三つの原理を示す際に、アルバムジャケットのように三角形が用いられる。

アルバムのなかには、「A.R.C.」という曲もおさめられている。歌詞がついていないので、その曲を聴いても、サイエントロジーやその教えが連想されるわけではない。だが、このことを知った上で聴いてみると、それまでとは違った印象を受けるし、そこに込められた奏者の気持ちを推量したくなってくる。

日本のサイエントロジーのスタッフから聞いたところでは、日本にその信仰を取り入れるにあたってチック・コリアが果たした役割はかなり大きいという。具体的にどういったことをしたのかまでは分からないが、彼が演奏のために来日した際には、あわせてサイエントロジーの布教活動にあたっていたことになる。

チック・コリアは、2021年に79歳で亡くなっているが、サイエントロジーのサイトを見ると、教団のイベントの際に、彼がたびたび演奏を披露《ひろう》していたことが分かる。その面でも彼は、サイエントロジーにとってかなりの重要な人物だったのだ。

　サイエントロジーという名称は、知識を意味するラテン語のスキオー（scio）と学問を意味するギリシア語のロゴス（logos）を合わせた造語である。創始者は、アメリカ人のロナルド・ハバードである。ハバードは、ＳＦ小説の作家でもあり、そのことがこの集団の性格を規定することに影響している。

　サイエントロジーについては批判が多く、日本でも、ジョン・スウィーニーによる批判本『ハリウッド・スターはなぜこの宗教にはまるのか』（栗原泉訳《くりはらいずみ》、亜紀書房《あきしょぼう》）が刊行されている。こういった本を読むと、サイエントロジーは恐ろしいカルトにほかならないという印象を受ける。この翻訳書の原題は〝The Church of Fear（恐怖の教会）〟である。しかし逆に、そうした教団になぜハリウッド・スターが入信するのかという謎は解けない。

UFO実在を主張するベストセラーSF作家の創始者

　日本では、サイエントロジーについての学術的な調査研究はまったく行われておらず、紹介も少ないが、唯一まとまった記事としては稲葉小太郎《いなばこたろう》「サイエントロジー教会」（清水《しみず》雅人《まさと》編『新宗教時代４』大蔵出版《だいぞうしゅっぱん》）がある。

その記事を中心にハバードの生涯を追ってみると、次のようになる。

ハバードが生まれたのは1911年のことで、父は海軍の将校だった。ハバード一家は彼が生まれたネブラスカ州からモンタナ州に移るが、その際、少年はアメリカ先住民の呪医と出会い、その知識を伝授された。12歳のときには、ワシントンに赴任する父に同行するが、乗った船で軍の司令官と出会う。その司令官は、精神分析学の創始者であるジグムント・フロイトのもとで研究活動を行っていた人で、人間のこころについて教えられた。この二つの出会いが、後のハバードの人生に大きく影響したようだ。

ジョージ・ワシントン大学では、工学と物理学を学んだが、飛行機クラブに所属した。また、4本マストの船で8000キロのヨット旅行を行ったこともあった。アメリカに戻ってからは通俗小説の執筆に力を入れるが、途中からSF小説に転じる。なお、すでにサイエントロジーをはじめていた1982年に刊行された『バトルフィールドアース―宇宙歴三千年の伝説』は400万部を超えるベストセラーとなった。ジョン・トラボルタはこの小説を映画化し、主演もつとめている。

途中、1941年には兵役にとられ、戦争で負傷するが、自ら心身医学的な治療法を編み出し、負傷兵を治した。退役してからは、SF作家としての活動を再開し、催眠術の研究を行い、アルフレッド・コージブスキーが唱えた一般意味論をもとに、ハバード独自の「ダイアネティクス理論」を考案する。

この理論を説いた『ダイアネティックス―精神の健康の近代科学』は1950年に刊行され、ベストセラーになるが、それをもとに、ハバードは1952年、アリゾナ州フェニックスにハバード国際サイエントロジスト協会を設立する。これが1954年にサイエントロジー教会となり、宗教団体としての性格を持つようになる。

SFと宗教との相性は悪くない。現実をはるかに超えた世界を描き出すという点で、両者は共通するからだ。前章で取り上げた幸福の科学でも、総裁の大川隆法は、亡くなる直前の時期に何冊かのSF小説を書いていた。また、UFOの実在を主張し、地球に飛来した宇宙人の目的などを検証する「UFOリーディング」を実践していた。

あるいは、GLAの場合も、この教団に関心を持ったSF作家の平井《ひらい》和正《かずまさ》は、GLAをモデルに『幻魔《げんま》大戦《たいせん》』のシリーズを刊行している。

セミナーだけで明かされる秘密の知識

サイエントロジーの場合、地球外生命体として「ジヌー」の存在を想定している。ジヌーは銀河連合の独裁者で、７５００万年前、宇宙にいた人々を冷凍し、地球に連れ去り、ハワイの火山に投げ入れて、水爆で殺してしまった。ただ、その魂は原始時代の人類に宿っており、それを解放しなければならないというのである。

このジヌーについては、サイエントロジーの側は否定し、公に言及することはない。ただ、「オーディティング」と呼ばれるサイエントロジーのセミナーを受講し、上のクラスに進んだ人間にだけ明かされる秘密の知識であるとも言われる。

それぞれ宗教団体では、さまざまな形で研修会が行われている。オーディティングもその一つになるが、さまざまなコースがあり、次第に上位に進んでいく仕組みになっているところに特徴がある。稲葉は、オーディティングは下から上まで41の段階があり、上に行けば行くほど宗教色が濃くなっていくとしている。

ハバードは、人間はこころと肉体、そして精神の制御システムである「セイタン」の三つに分かれるとする。ただ、セイタンは囚われの状態にあるとする。オーディティングの目的は、セイタンを機能させることにあり、それは「オペレイティング・セイタン（OT）」と呼ばれる。

初歩のオーディティングでは、「クリアー」という境地に達することがめざされる。クリアーは、仏教で言えば悟りに相当するものだが、サイエントロジーでは、それを「偉大な神とは本来こういうものだと思い描いてきたもの」ととらえる。このクリアーに達するには、目ざめたこころであり、記憶を蓄積《ちくせき》する分析心を働かせる必要があるが、そこに記録されていない事柄がある。

それが辛い感情と身体的な苦痛で、激しい痛みを感じていると、分析心が停止し、反応心が無意識に働き出す。オーディティングは、この反応心を取り除くためのもので、それによって、ハバードが言う「クリアー」な状態に達することができる。

ただし、クリアーになって終わりではなく、セイタンが機能するようになると、クリアーよりさらに高度な能力が発揮される。オーディティングが細分化され、下から上へ進んでいく形になっているのも、セイタンの活性化をより先まで進めていくためである。

こうしたオーディティングの方法を見ていくと、若き日のハバードに影響を与えたフロイトの精神分析のことが思い浮かぶ。フロイトは、人間のこころには自覚される意識と、自覚されない無意識とがあり、精神の病は無意識の領域における障害によって生じるとした。

その障害を取り除くことが精神分析の目的になるわけだが、具体的な方法としてとられたのが「自由連想法」であった。これは、通常の状態では隠れて見えない無意識を浮上させるために、こころに浮かんだ感情や事柄を言語化させていくものである。ただ、そのやり方から分かるように、決して即効性があるものではない。

それに対して、オーディティングは、いくつもの段階に分かれ、その階梯《かいてい》(=はしご)を一歩ずつ進んでいくようになっているため、自分が問題解決にむかって近づいているという感覚を得られる。アメリカでは、セレブのなかに精神分析に頼る人間が少なくないと言われてきたが、オーディティングは即効性を備えた精神分析の宗教版であるように思える。だからこそ、ハリウッドのセレブたちがサイエントロジーにひかれるのであろう。

細かく段階的な1回3万円のセミナー「オーディティング」

チック・コリアがその発展に貢献したサイエントロジー東京は、1988年に五反田《ごたんだ》に生まれ、大塚《おおつか》に移った後、2015年には新宿の百人町《ひゃくにんちょう》に移っている。ほかにいくつかの伝道所があるが、中心はあくまで百人町の本部である。

私は、現在のサイエントロジー東京がオープンした2年後の2017年に招かれてそこを訪れたことがある。ちょうど敬老の日の休日で、サンデーサービスが行われたが、会場はビルの上にある「チャーチ」と呼ばれるところだった。

その際にはまず、ハバードの講話の朗読が行われたが、それに続いて、オーディティングでは日本でもっとも上のレベルに達しているという講師による、初歩的なオーディティングの実演があった。一つ興味深いと感じたのは、その講師が新宗教の代表である立正佼成会の現役の信者だったことである。これは、サイエントロジーが宗教ではない可能性を示唆している。

それがどういった目的で行われるのか、詳しくは説明してくれなかったが、講師が「あなたはどこにいますか」と尋ねてくるのに対して、参加者一同は「今、ここにいます」と答えるように求められた。そうしたやり取りが幾度となくくり返された。

これを体験して、チック・コリアのコンサートのことを思い出した。私はそれを実際のコンサートで体験したわけではないが、晩年のライブ録音には、チック・コリアが、彼のヒット曲である「スペイン」などで、聴衆とのあいだにコール・アンド・レスポンスを行っている場面が記録されている。

チック・コリアがピアノで短いメロディーを演奏すると、聴衆は、声でそれをくり返すのだ。その際に、サイエントロジーのことにも、オーディティングのことにも言及されたわけではなかったが、初歩のオーディティングの実演を経験してからは、両者の関連性が気になるようになった。

オーディティングが細かな階梯に分かれていることは、サイエントロジーが批判を受ける一つの要因にもなっている。というのも、オーディティングを受けるには、1回1時間で3万円の費用がかかるからだ。稲葉による報告のなかには、くり返しオーディティングを受けて、クリアーに達した40歳のカメラマンの話が出てくる。

その男性は、郵便受けに入っていた心理テストを投函したところ、サイエントロジーから結果が出たので聞きにきてほしいとの連絡を受けた。行ってみると、テストでは自分の弱点だと考えていたコミュニケーションの部分が極端に落ち込んでいた。そこで、サイエントロジーのスタッフに説明を受け、ブック・ワンと題された2時間のオーディティングを受けてみた。

そこで、「楽しかったことを思い出してください」という問い掛けに従ったところ、意識が過去に戻ったままになるという体験をする。そこで興味を覚え、次に「ピュアリフィケーション・ランダウン」というコースを受けた。これは、体内に蓄積された薬物や放射能を除去するために、ビタミンを飲み、サウナに入るもので、それを2週間以上続けると、からだが段々軽くなり、ビールの味がまずくなるという体験をする。

お布施でも献金でもなく「受講料」

私が、サイエントロジー東京を訪れたときには、館内をすべて案内してもらった。たしかにそこにはサウナがあり、放射能を除去するものだという説明を受けた。私には納得できる説明ではなかったが、サイエントロジーはこうしたことに力を入れている。だからこそサイエントロジーは「疑似科学《ぎじ》」であるという批判を受け、警戒される要因になっている。

カメラマンの男性は、そこからオーディティングのコースに進んだが、1年間ほとんど毎日それを行う合計300時間のスケジュールを組んだ。それと併行し、ダイアネティクスの理論を学ぶコースも受け、さらに他のコースも受け、1年が過ぎたときには自分の意識に変化が起きていることを体験する。すでに説明した反応心がなくなり、「自分にはできないことはない」という感覚になったというのだ。これによって、クリアーがいわゆる全能感《ぜんのうかん》であることが分かるが、男性はクリアーと認定された。

ここまで達するのに男性は800万円を支払っている。ほとんど毎日オーディティングをしているわけだから、それだけの費用がかかるのも不思議ではない。スタッフが介在せずに受講者同士がオーディティングを行うことで費用を削減し、２００万円から３００万円でクリアーに達した人間も少なくないという。

旧統一教会の場合には信者による高額献金が問題になってきたが、サイエントロジーの場合には、献金ではない。それは、オーディティングを受けるための費用であり、支払った側にはメリットがある。少なくとも、金銭の対価としてオーディティングを受けられる。したがって、それが自発的に行われている限り、問題は起こらない。ただ、アメリカやドイツなどでは高額な費用が問題にされることもある。オーディティングの受講が果たして自発的なものなのか、それとも強制されたものなのかが問われたのである。

サイエントロジー東京で館内を案内されたとき、どれだけの人間がオーディティングを受けているのかを聞いた。スタッフによれば、初歩的な段階の会員が5万人いて、熱心な人間は１０００人ほどだという。その20年前、五反田で活動していた頃には会員は1万人程度だった。

アメリカでは宗教法人だが、日本では認証されていない

サイエントロジーにかんして、一つ問題にされてきたのは、それが果たして宗教なのか

どうかということである。

サイエントロジーの場合、キリスト教やイスラム教とは異なり、至高神に対する信仰があるわけではない。その代わりに、人間が不滅の精神的な存在であることを強調する。しかも、人間の経験は一人の生涯をはるかに超えるもので、人間の能力は本来無限だというのだ。

この点では、仏教をはじめとする東洋の宗教、哲学と類似する。実際、サイエントロジーでは、東洋の哲学と西洋の思想の架け橋となることをめざし、精神に対する科学であることを強調している。

そして、著名な学者に依頼し、サイエントロジーが宗教であることを証明する論文を執筆してもらっている。たとえば、イギリスの宗教社会学者で、『セクト――その宗教社会学』(池田昭《いけだあきら》訳、平凡社)の著者として知られるブライアン・ウイルソンも1995年に「サイエントロジー――その宗教組織と教義の分析ならびに比較」という論文を執筆している。

その集団が宗教であるかどうかの判断が難しい場合もあるが、少なくともサイエントロジーは日本では宗教法人として認証されていない。

宗教法人として認証される条件としては、本尊の存在、それを祀る施設の不動産を所有していること、そして宗教活動の実績ということになるが、サイエントロジーの場合、条件を満たすのが難しいのは最後の宗教活動かもしれない。

実際にサイエントロジー東京を訪れて感じるのは、宗教団体という印象を受けないことである。1階はブックストアーのようであり、ハバードの本が並んでいる。オーディティングの実演が行われたチャーチは、礼拝施設とも言えるし、館内にはオーディティングを行う部屋がいくつもある。しかしサウナもあるわけで、そうした施設からは宗教らしさはうかがえない。それでもアメリカでは宗教法人として認められている。

アメリカでは反精神医学の団体として社会と対立

サイエントロジーがカルトであると言われるとき、社会とのあいだにもっとも大きなズレが生じてくるのは、精神医学をどうとらえるかという点である。サイエントロジーは、反精神医学の立場を鮮明にしており、精神医療における不正行為や人権侵害を根絶させるためとして「市民の人権擁護の会（Citizens Commission on Human Rights）」を組織している。

反精神医学の運動は、欧米で1970年代から盛り上がりを見せており、その点では、サイエントロジー独自のものではない。ただ、サイエントロジーは、精神科医たちを激しく批判しており、その分、精神科医からの強い反発を受けてきた。

　こうした点で、サイエントロジーは社会と対立することもあり、それが訴訟に発展することも珍しいことではない。そもそも、サイエントロジーが本拠をおくアメリカは訴訟が盛んな国であり、サイエントロジーが訴えられることもあれば、逆に訴えることもある。1991年には、『タイム』誌が、サイエントロジーは訴訟費用として年間平均2000万ドルを費やしていると報じた。日本円に換算すると30億円にも達する（1ドル150円として）。

　ただ、日本では、サイエントロジーをめぐって多くの訴訟が提起されている状況にはない。それも熱心な会員がまだそれほど多くはないからかもしれない。また日本では、アメリカほど精神分析に対する関心はなく、それと似たオーディティングに対する需要は乏しいのである。

　市民の人権擁護の会の活動は日本でも行われているが、精神科医を厳しく批判することがないため、社会とそれほど強くは対立していない。

　もし、その点を強調するようになれば、事態は変わってくるかもしれないのである。

第8章　ライフスペース

適中しなかった「ノストラダムスの大予言」

1999年、「1999年」という年が訪れた。

奇妙な言い方かもしれないが、この年は、それが訪れるまで特別な意味を持っていた。21世紀がいつからはじまるのか。暦の成り立ちから考えると2001年からということになるが、2000年を20世紀とするには躊躇《ちゅうちょ》するところがある。実際、韓国などでは、21世紀のはじまりを2000年としていた。

20世紀最後の年は2000年になるのだが、世紀末という感覚にふさわしいのはむしろ1999年の方である。西暦は、イエス・キリストが生まれたとされる次の年を紀元とするもので（最近の学説では、キリストの誕生は紀元前4年頃とされる）、1999年はそれから2000年の歳月が経ったことになり、世紀末という感覚は、通常の世紀の変わり目よりも強い。しかも、20世紀には、2度の世界大戦もあり、激動の時代だった。

日本で1999年に特別な意味が持たされるにあたっては、1973年に刊行された五島勉《ごとうべん》の『ノストラダムスの大予言』という本の影響が大きかった。73年は、日本が第1次オイルショックに見舞われた年で、長く続いた高度経済成長は曲がり角を迎えていた。だからこそ、この本がベストセラーになったのだが、五島は、16世紀フランスの医師で占星《せんせい》術師《じゅつし》でもあったノストラダムスの『予言集』にある「1999年7の月に恐怖の大王が来るだろう」という箇所を人類社会の滅亡を意味するものとして解釈した。

ノストラダムスの『予言集』は、象徴的な表現がふんだんに使われており、多様な解釈を許すものだが、オイルショックによって起こった社会的な混乱状態のなかで、人類滅亡の予言はリアリティーを持った。とくに、子どもであったときにこの予言に接した人間には強い影響を与えた。オウム真理教でも、ノストラダムスの予言を布教の武器として用いたことがあり、予言に影響をされた人間たちが、世の終わりを回避しようと信者になっていった。

当然のことだが、1999年に人類は滅亡しなかった。ノストラダムスの予言は適中しなかった。あるいは、五島の解釈が間違っていたことになるのかもしれない。

ただし、この年、いかにも世紀末と言えるような奇怪な事件が起こっている。

遺体発見後、奇抜な発言を繰り返した代表・高橋弘二

それは11月11日のことだった。成田空港近くのホテルの一室で、ミイラ化した男性の遺

体が発見された。遺体は腐乱《ふらん》しており、死後数カ月が経過していると推測された。ホテルの従業員から、「宿泊客の様子がおかしい」という通報があり、駆け付けた成田署の警察官が遺体を発見したのだ。

ところがである。遺体に付き添っていた家族は、なんと、遺体は「死んではいない。治療中だ」と訴えたのである。

家族は、「シャクティパット・グル・ファウンデーション（SPGF）」という宗教団体のメンバーだった。SPGFの前身が、「ライフスペース」という自己啓発セミナーであることから、ライフスペースとして紹介されることが多い。しかし、その後宗教化し、事件を起こした時点では、自己啓発セミナーとしてではなく、宗教団体として活動していた。

その代表は高橋弘二《たかはしこうじ》という人物で、彼は「シャクティパット・グル」を自称していた。注目されるのは、高橋が、インドの宗教家サイババの後継者を名乗っていたことだった。ただし、サイババの財団の日本支部は、サイババと高橋は一切関係がないと言明していた。

高橋は、遺体が発見された後に開かれた記者会見で、記者からその点を聞かれ、しばし沈黙した後、「それはサイババの勝手なんです」と答えている。高橋は、1993年にサイババのもとを訪れたようだが、両者のあいだに特別な関係はなかった。

実はこの記者会見で、高橋は「定説《ていせつ》」ということばを多用し、これが話題になった。その定説とは、「お風呂に入ることはない。なぜなら汚れない」とか、「イギリスではグルのことを『The　GURU』と言います。インドに近いもんで」といった奇抜《きばつ》なものだった。しかも高橋の口調には独特なものがあった。そのため、記者会見に集まった記者たちは、死者が出た事件について開かれたものであるにもかかわらず、大爆笑している（90ｓチョベリー「大爆笑、でも本当は怖い！　新興宗教代表・高橋弘二が行った記者会見」『ｌｉｖｅｄｏｏｒ　Ｎｅｗｓ』2016年10月1日）。それはYouTubeにあがっている当時のニュース映像で確かめることができる。

ライフスペースでは、事件が発覚した後、『父と息子の絆は、看病すればすぐに、繋《つな》がる』という冊子を刊行しており、そのなかには、腐乱した遺体の写真も掲載されていた。また、そこには家族とグルである高橋との4カ月にわたるやり取りも載せられていた。事件が発覚する4カ月前の7月3日、故人の呼吸が停止すると、高橋は、「人は30分間呼吸が止まって心臓が止まっていても、大丈夫なんですよ。そんなにギャーギャー騒がなくても、大丈夫です」と、死にショックを受けている家族を励ましている。

それ以降、警察の手によって遺体が発見されるまで、家族は、男性が生きていると信じていた。彼らは、半年遺体を放置すれば、生き返るという高橋のことばを信じたのだ。そして、警察が介入し、司法解剖されたことで、回復の可能性は絶たれたとし、そのままさらに2カ月放置していれば、生き返ったはずだと主張したのだった。

ひたすら参加者の拡大を目指す自己啓発セミナー

あまりにも不可解な事件だが、そこには時代背景がかかわっていた。ここまでふれてきた、「自己啓発セミナー」「シャクティパット」、そして「サイババ」がその点を解くキーワードである。それぞれについて順に説明しよう。

まず自己啓発セミナーだが、これはアメリカで生まれたもので、戦争や家族の不和など、こころに傷を負った人間を癒《いや》すために使われる集団的な心理療法がもとになっていた。臨床心理学者のカール・ロジャースが唱えた「エンカウンター・グループ」なども、その源流の一つである。

私もエンカウンター・グループに参加したことがあるが、参加者のなかには「ファシリテイター」と呼ばれる、すでにエンカウンター・グループを経験した人間が交じっている。彼らは話し合いを意味ある方向にもっていこうとつとめることを役割としている。ただし、エンカウンター・グループでは、意図的な仕掛けは施されておらず、最終的な目的も定められていない。あくまで参加者の自発的な発言をもとにして、全体が進行していくことになる。

自己啓発セミナーについて、私は二澤雅喜《ふたざわまさき》との共著で『洗脳体験』（宝島社）という本を出したことがある。これは、二澤によるセミナーの体験記に、私が解説を加えたもので、セミナーで実際にどういうことが行われるかがよく分かるものになっている。

セミナーでは、エンカウンター・グループとは違ってさまざまな仕掛けが施されており、参加者は「トレーナー」と呼ばれる指導者の誘導にしたがって、ある一定の方向に動かされていく。トレーナーは一人で、他にスタッフが数人いる。二澤が参加した際の参加者は約240人だった。

トレーナーはまず「これから10分間、この部屋のなかで自由に過ごしてください」と言って、壇上から引き下がる。参加者は席に座っていて、隣の人間と雑談する者もいるが、たいがい相手は知り合いで、立ち上がって自己紹介するような人間は少ない。

トレーナーがふたたび壇上にあがると、誰かの話を聴いたときには拍手するなど、セミナーのルールが説明される。さらに、4日間のベーシックと呼ばれるコースを受けた後に、インタビュー、さらにはポストセミナーがあり、そのすべてに参加しなければならないと言い渡される。

インタビューはベーシックが終了した翌日か翌々日に、ポストセミナーは9日後に行われる。参加者は事前にそれを知らされていないので、当然戸惑う。事前に予定が入っていたりするからだ。そうしたことをトレーナーに向かって質問していくのだが、質問が終わると、トレーナーは、「なぜ、絶対に出られない、と思うのですか」と問い返してくる。そこでは、それ以上問い詰めることはしないのだが、その後のセミナーでは、出られないと思うことを「観念」としてとらえ、参加者にはそれを突破していくようにうながしていく。

セミナーにはさまざまな仕掛けが施されていて、そこで出される課題をこなしていくことで、参加者は自分は観念の壁を突破したのだという喜びを味わうようになる。詳しいやり方は、『洗脳体験』を読んでもらいたいが、最後は、そこで味わった感動を他者に伝え、勧誘するという方向に導かれていく。

その点で、自己啓発セミナーは、個々の参加者が抱える問題を解決していく心理療法であるよりも、参加者の拡大をひたすら目指していくものであるように見える。それは、宗教における布教と共通する。自己啓発セミナーが日本で流行したのは、ちょうどバブル経済の時代だが、自己啓発セミナーは分裂をくり返し、いくつものセミナーが生まれていった。そのノウハウさえ分かれば、誰でもできるからだ。

参加者のなかには、セミナーにはまってしまい、仕事を放棄してまで、知人、友人をセミナーに勧誘することに血道《ちみち》をあげるようになった者も現れた。そうなると、人間関係が壊れてしまう場合があり、弊害が生まれる。これは、顕正会の勧誘と共通するし、マルチ商法の場合にも同じことが起こりやすい。

サイババと『理性のゆらぎ』そして女流棋士・林葉直子の失踪

アメリカで生まれたセミナーの代表がライフスプリングで、日本ではその系統にあったライフダイナミックスが勢力を拡大した。そこからさまざまな分派が生まれたわけで、ライフスペースもその一つだった。

シャクティパットは、もともとはインドのヒンドゥー教のことばである。シャクティは力や能力を意味し、性力《せいりょく》と訳されることもある。パットとは、軽く叩くことを意味する。

このシャクティパットを用いたのがオウム真理教の麻原彰晃で、からだのなかにあるエネルギーであるクンダリニーを覚醒《かくせい》させるために利用した。麻原が、信者の額に手を当て、エネルギーを注入すると覚醒を促すとされたのである。

麻原が最初にテレビに出演したのは、片岡鶴太郎《かたおかつるたろう》が司会をした「鶴太郎のテレもんじゃ」という番組だったが、そこで麻原は女性の信者を相手に、シャクティパットの実演を行った。女性は、性的なエクスタシーに達したようになり、番組の出演者たちを驚かせたが、シャクティはまさに性力だった。高橋の方は、そうしたやり方をしたわけではなく、頭部を手で軽く叩き続けることで病気を治すことができると主張していた。

サイババは、インドの宗教家だが、世界的に人気があり、日本でも一時ブームが起こった。それは、オウム真理教が引き起こした地下鉄サリン事件の前の年、1994年のことだった。

この年の5月29日、女流棋士として人気を博していた林葉直子《はやしばなおこ》が、内弟子《うちでし》として住み込んでいた永世棋聖《えいせいきせい》の米長邦雄《よねながくにお》に、インドのサイババのところに行くと言い残し、失踪するという出来事が起こった。

林葉は、子どもの頃から将来を嘱望され、14歳ではじめて女流王将のタイトルを獲得してから10連覇を果たすなど、その才能を発揮していた。ただし、その時期になると女流棋士として曲がり角に差しかかっていた。

その前年、1993年には、理学博士で医学博士の青山圭秀《あおやまさひで》という人物が、『理性のゆらぎ』という本を出版し、そこでサイババについて紹介した。林葉は、この本を通してサイババのことを知ったのだった。

林葉の失踪劇は、女性週刊誌やワイド・ショーの格好のネタともなったが、この出来事は、サイババの存在を日本の社会に広く知らしめることに貢献し、サイババはブームになった。

年末には、当時霊能者としてテレビなどでも活躍していた宜保愛子《ぎぼあいこ》がサイババのもとを訪れるといった番組も放送された。各テレビ局は、サイババに関連した番組を次々と放送し、その人気は高まっていった。当時、私は喫茶店の隣の席で、中年の女性たちが、サイババのことについて熱心に語り合っているのを目撃したことがある。

私のところにも、サイババを取材してみないかというテレビ局からの依頼があり、現地に赴いた。サイババがいる南インドのプッタパルティの街には、サイババの財団が運営する大学などの教育機関や病院があり、学費や治療費はすべて無料だという話だった。

サイババが世界的に注目を集めたのは、空中から指輪や時計などを出現させる奇蹟を引き起こしたからである。青山はそれを目撃し、その驚きを著書のタイトルにしたように、「理性のゆらぎ」と表現した。だが、当然にも、サイババは、それは手品だとして批判も受けていた。

ただ、サイババの財団のあり方を考えると、サイババは、欧米の豊かな階層の人間たちからの崇拝を集め、あわせて金を引き出すことで、それを貧しいインドの人間たちに還元しているように見受けられた。社会福祉が必ずしも充実していないインドで、サイババはそれを補う役割を果たしていたのである。

保護責任者遺棄致死で懲役7年の実刑

序章でもふれたように、1990年代はカルトの時代で、特異な活動を展開するさまざまな集団が注目されたが、自己啓発セミナーやオウム真理教、そしてサイババは、まさに時代を象徴する存在であった。ライフスペースは、そうした時代のなかで、自己啓発セミナーから宗教へと変貌し、世の中を驚かす事件を起こすに至ったのである。

成田での事件が起こった翌年の2000年2月には、高橋や死亡した男性の長男など11名が保護《ほご》責任者《せきにんしゃ》遺棄《いき》致死《ちし》などの容疑で逮捕された。長男は保護責任者遺棄致死で起訴され、

2001年には、懲役2年6月執行猶予3年の判決が確定した。

一方、高橋の方には殺人罪が適用され、一審では懲役15年、二審でも懲役7年の実刑判決を受けた。2005年に最高裁で刑が確定し、高橋は服役した。殺人罪が適用されたのは、高橋には「死亡するおそれが大きいことを知りながら、それもやむなし」とする決意があったと認定されたからだった。

この事件が違う時代に起こっていたとしたなら、高橋に殺人罪が適用されることはなかったであろう。1995年にオウム真理教の事件が起こり、警察や検察は、宗教団体の犯罪に対して厳しい態度で臨むようになっていた。その点で高橋は不運だったと言えるかもしれない。高橋は、2009年に刑期満了で出所しているが、その後は活動を再開することなく、2015年には亡くなっている。

ライフスペースがこうした事件を起こし、しかも、教祖である高橋が獄に捕らわれ、さらには死亡したことで、活動を停止し、消滅してしまったと思われるかもしれない。実際、その後、ライフスペースについて報道されることもほとんどないし、注目を集めたこともない。

だが、メンバーは逮捕されたものの、死亡男性の長男や高橋を除く9名は起訴猶予になり、そうした人間たちは、2011年12月に「千葉成田ミイラ事件①の再審支援の会」を発足させ、翌12年1月には豊島区《としまく》の勤労福祉会館でシンポジウムを開催している。それ以降も、毎月何度かシンポジウムは開催されたが、同年7月26日が最後だった。シンポジウムはライブでもあり、オリジナルソングやベリーダンスも披露されたというから、不思議な集まりだったようにも思える。

冤罪を訴え、ヨーガや瞑想講座を運営する残りのメンバー

この会では、事件は冤罪《えんざい》であるという立場をとっていた。会のメンバーの一人である釣部《つりべ》人裕《ひとひろ》は、2014年に『雪冤《せつえん》―冤罪のない社会へ　千葉成田ミイラ事件の真相』と『スケープゴート―なぜ、子どもたちは児童相談所に連れていかれたのか　もう一つの千葉成田ミイラ事件』(ともにダイナミックセラーズ出版)という本を刊行している。

ただ、こうした活動は、高橋らの再審には結びつかず、会の活動も停止状態にあるものと思われる。少なくとも、会のフェイスブックは2012年6月28日以降更新されていない。

釣部の場合には、その後、倫理団体の一つである倫理法人会の地域支部である豊島区倫

理法人会の会長に就任している。倫理団体は、新宗教の代表であるPL教団の行っていた朝起き会を取り入れたもので、同種の組織としては、実践倫理宏正会《じっせんりんりこうせいかい》やモラロジー道徳教育財団（旧モラロジー研究所）などがある。

最近の釣部は、万代宝書房《ばんだいほうしょぼう》を経営し、出版事業を行っているが、そこには冤罪や警察、児童相談所を問題にしたものや『あなたの赤ちゃんは、第7チャクラから降りてくる―妊娠とチャクラとあなたの意識を医学で捉える』といったスピリチュアル系の本も含まれている。

あわせて釣部は、さまざまな形でYouTubeで動画を配信しているが、そのなかには、高橋の夫人であった高橋伸子《のぶこ》がゲスト出演したりしている。伸子は、豊島区倫理法人会のメンバーでもあり、一般社団法人NEOビジョンアカデミー代表理事をつとめ、ヨーガや瞑想のインストラクターとして活動している。「ビジョン」は高橋弘二がよく使った用語で、1994年には、読売新聞社から、『ビジョン1 愛そのものになる―生き方の方程式』という本を出版していた。ただ、『ビジョン2』が出版された形跡はない。

こうした釣部や高橋伸子の活動は、直接ライフスペースにつながるわけではない。しかし、事件について冤罪を訴え、さらにはヨーガや瞑想の実践を続けていることからすれば、その延長線上にあるのは間違いない。こうした人たちが、今、事件をどのように考えているのか、興味のひかれるところでもある。

第9章 パナウェーブ研究所

（千乃正法会）

スマホと防犯カメラがあったらオウム事件は起きなかった

ここ10年ほどの社会の大きな変化をあげるとすれば、何よりスマートフォン（スマホ）の普及、浸透だろう。皆、スマホの画面を絶えず見つめ、それを操作するようになってきた。

スマホの浸透と併行しているのがＳＮＳ（ソーシャル・ネットワーキング・サービス）の普及である。Ｘ《エックス》と名前を変えたツイッター、フェイスブック、インスタグラムなど、多くのシステムが開発され、世界中に膨大な数の利用者を生んだ。

スマホで撮影された写真は、ＳＮＳによって瞬く間に拡散されていく。今までになかった珍しい現象が生まれれば、それについての情報はすぐに多くの人たちと共有されることになる。

一方では、街のなかに多くの防犯カメラが設置されるようになった。スマホと防犯カメラがあいまって、私たちの街中での行動は監視されるようになってきた。スマホと防犯カメラはまるで、ジョージ・オーウェルの小説『１９８４』に登場する「テレスクリーン」のようでもある。この小説は１９４８年に書かれており、テレビが普及する前だった。その点で、テレスクリーンがいかなるものか、具体的には説明されていないのだが、今日の社会を予言している面があることは否定できない。

私は2005年から東京大学先端科学技術研究センターの特任研究員として、「安全安心な社会を実現する科学技術人材養成」というプロジェクトに参加し、オウム真理教などが引き起こしたテロの問題について研究を進め、シンポジウムやセミナーを開いた。その際に、警察関係の人間の講演で、テロの防止には何より防犯カメラの普及が役立つという話を聞いて、驚いたことがあったが、それがまさに現実のものとなったのである。

その後、オウム真理教の逃亡犯が2011年に逮捕される。その際に、防犯カメラの映像が犯人逮捕に結びついた。もしも地下鉄サリン事件が起こったときに、今のように防犯カメラが整備されていたとしたら、事件の解決はより容易だったことだろう。前年の松本サリン事件が、防犯カメラの活用で、もっと早い段階で解明されていたら、地下鉄サリン事件も起こらなかったはずだ。

オウム真理教は、こうした事件を引き起こす前に、富士山麓に多くのサティアンと呼ばれる建物群を建てていた。その事実は、ほとんど注目されなかったのだが、もしそのときにスマホとSNSが普及していたとしたら、近くを通りかかった人間はそれを写真にとり、画像が拡散されることで、サティアンの存在は広く知られるようになっていたはずだ。

木々やガードレールを白い布で巻く白ずくめの集団

同じことは、2003年に起こったパナウェーブ研究所が引き起こした「白装束騒動」についても言える。彼らは、1991年から車列を組んでのキャラバンを続けていた。スマホが普及していれば、その時点で、多くの人たちが異様な光景を目撃して撮影しSNSで拡散することで話題になっていたことだろう。

しかし、スマホが爆発的に普及するのは2010年からで、ツイッターが生まれたのも2006年だった。事件が起こった2003年には、情報が即座に拡散される体制がまだ確立されていなかった。

パナウェーブ研究所をめぐる騒動は2003年のゴールデンウィークに起こる。

4月28日、岐阜県の八幡町《はちまんちょう》と大和町《やまとちょう》（他5カ町村が合併して現在は郡上市《ぐじょうし》）の町境《まちざかい》の林道で、全身白ずくめの人間20人ほどが、樹木やガードレールに白い布を巻いているところが目撃された。地元の住民が不安をもったため、林道関係者が退去を要求したが、集団側はそれを拒否した。翌日、新聞やテレビなどがこれを報じた。

これが騒動のはじまりだった。集団は、パナウェーブ研究所と名乗っていて、白い服を身にまとったり、樹木などに白い布を巻いたりするのは、有害な電磁《でんじ》波《は》の影響を弱めるためだと説明した。

岐阜県警は、この集団が道路を勝手に占拠していたことから、道路交通法違反で捜査に乗り出す。それだけならさして問題になる事件でもないはずなのだが、2日後の5月1日、佐藤英彦《さとうひでひこ》警察庁長官が記者会見を行い、「彼らの装束、行動は異様であり、住民の不安は大きい。オウム真理教の初期に似ている」と述べたため、周辺地域の住民を刺激しただけではなく、国民全体に不安を与えることとなった。

彼らが白い服を身にまとっていたことが、オウム真理教との類似性だった。オウム真理教の信者たちは、「クルタ」と呼ばれる主に白い装束を身につけていた。しかも、サティアンが建っていた山梨県西八代郡《にしやつしろぐん》上九一色村《かみくいしきむら》（現在は、甲府市《こうふし》や富士河口湖町《ふじかわぐちこまち》に吸収されている）などでは、信者たちは防毒マスクを身につけて、集団で歩行したりもしていた。彼らは、自分たちはアメリカ軍などから毒ガス攻撃を受けていると主張していた。

地元住民や警察に対して敵対的な態度をとった点でも、白装束集団はたしかにオウム真理教に似ていた。何か不可思議な集団が生まれれば、オウム真理教が引き合いに出される時期だったわけだが、住民が不安を感じるのも無理のないところだった。

集団は、これによって、岐阜県の林道から立ち去るが、そこから車列を組んでの集団移動をはじめる。彼らは、そうしたことをそれまでも長く続けてきたのだが、初めてマスコミに追われることになった。いったい彼らはどうなるのか。オウム真理教のように危険な集団ではないのか。騒動は一気に拡大し、国民全体の関心を集めることとなった。

最終的に、集団は福井市五太子町《ふくいしごたいしちょう》にある教団の関連施設に5月10日に落ち着くことになるが、それまでマスコミは、集団の後を執拗《しつよう》に追い続け、ワイドショーは、その話題一色になった。期間はそれほど長くなかったものの、オウム真理教についての報道一色になった地下鉄サリン事件以降の状況に似ていた。そうした過剰な報道が問題であるという認識も、この時代にはまだなかった。

GLA高橋信次の後継者を突如、名乗ったリーダー

移動する集団の追跡取材が行われるのと併行して、マスコミの手によって白装束集団の正体が次第に明らかにされていった。

集団のリーダーは千乃裕子《ちのゆうこ》という女性で、そこから集団は、「千乃正法会《ちのしょうほうかい》」と呼ばれて

いた。千乃は大阪府池田市《いけだし》の出身で、本名は増山英美《ますやまひでみ》と言った。彼女は、主に第6章でふれたＧＬＡの開祖である高橋信次が亡くなったあと、その後継者を名乗り、それによって信者を集めていった。

高橋が48歳と比較的若くして亡くなったこともあり、その死後には、後継者を名乗る人間たちが何人も現れた。千乃もその一人で、高橋の娘、佳子との後継者争いに敗れたと主張したが、実際にはその事実はなかった。彼女はそもそもＧＬＡの信者になったこともなかった。

ただ、「正法」ということばについては、ＧＬＡと密接に関係する。高橋は正法ということばを多用した。そもそも正法は仏教用語で、鎌倉時代の日蓮が強調して使ったことばだった。日蓮は、正しい仏法、正法が蔑《ないがし》ろにされる「謗法」の状況にあることで日本の国が危機に陥っていると警告した。したがって、一般の日蓮宗でも、戦前に流行した日蓮主義でも、さらには戦後の創価学会でも正法ということが強調された。

高橋は、自らが経営する町工場を最初、大田区《おおたく》池上《いけがみ》に作る。池上は日蓮宗の総本山、本門寺《ほんもんじ》があるように、日蓮信仰が盛んな地域である。その後工場は大森《おおもり》に移るが、大森は創価学会の池田大作の生誕地である。また、戦前の日蓮主義の団体の一つ、「死《し》のう団《だん》」の本拠があった場所だった。死のう団は、「死のう、死のう」と唱え、実際に自殺行《ぎょう》を実行した。しかも高橋の姉夫婦は創価学会の会員で、高橋も折伏された経験を持っていた。そうしたことが、GLAにおいて正法が強調される原因になった。

正法を強調する集団は、自分たちが信仰上正しい実践を行っていると認識していて、その信仰を認めない人間に対しては、折伏を行ったり、攻撃を仕掛けたりする。その点で、正法という概念は集団に戦闘性を与え、敵を生み出すことにもなっていく。

千乃正法会の場合、その敵となったのが、共産主義過激派だった。千乃は反共主義の立場をとり、それが一定の支持者を獲得することに結びついた。電磁波による攻撃も、共産主義過激派によるものとされ、彼女はその攻撃で末期ガンにかかり、瀕死《ひんし》の状態にあると主張していた。

ただし、テレビのインタビューに応じた彼女の様子からは、瀕死の状態にあるようには見えなかった。彼女が電磁波攻撃に使われているとしたスカラー波《は》は、さまざまな電磁波について研究し、磁束密度の単位として使われている「テスラ」に名を残すニコラ・テスラに由来するもので、千乃正法会の一部には、スカラー波に関心を持つ者が存在した。

「タマちゃん」と福岡教育大助教授死亡事件

騒動が起こる前年の2002年に、多摩川《たまがわ》にアゴヒゲアザラシが出現し、それは川の名から「タマちゃん」と呼ばれ、大きな話題になった。その際に捕獲騒動を引き起こした「タマちゃんのことを想う会」がパナウェーブ研究所と関連していることも明らかになった。パナウェーブ研究所では、山梨県大泉村《おおいずみむら》（現在の北杜市《ほくとし》大泉町）の関連施設に、捕獲したタマちゃんを収容するためのドーム付きプールを所有していた。

集団が福井に定着し、移動しなくなると、国民やマスコミの関心は一気に失せ、騒動は終息にむかう。世の中は現在進行形の事柄については強い関心を示すが、ことが起こらなくなると一切関心を持たなくなるのだ。

ただし、福井定着後には、メンバーが死亡する事件が起こっている。2003年8月、福井の施設のなかで、会員である福岡教育大学の助教授が亡くなっているのが発見された。助教授の背中には打撲《だぼく》の痕《あと》があり、信者5人が傷害致死容疑で逮捕されたが、死因は打撲によるものではなく、外傷性ショックと熱中症で、5人は罪としては軽い暴行罪で罰金刑に処せられるに留まった。

また、不正車検の問題で、集団の代表をつとめていた人間などが執行猶予付きの有罪判決を下されるという出来事も起こった。2004年9月には、ボランティアのメンバーが川に転落して死亡するという事故も起こっている。けれども、こうした事件に対しては、世間の関心はほとんどむけられなかった。

千乃裕子は、2006年10月に72歳で亡くなっている。死因は、彼女が主張していたガンではなかった。心筋梗塞《しんきんこうそく》や脳梗塞《のうこうそく》、あるいは多臓器不全《たぞうきふぜん》だった。

千乃裕子の生涯

千乃裕子と千乃正法会について、最近、注目される本が刊行された。それが金田直久《かねだなおひさ》『白装束集団を率いた女―千乃裕子の生涯』（論創社）である。著者は、本の紹介によれば、「東京都生れ。都内在住の40代。国内外のスピリチュアル、超常現象の情報を収集・考察する在野の研究家」とあり、これが初めての著作である。

著者が、なぜこの本を上梓《じょうし》しようとしたのか、本のなかでその動機については述べられていない。著者は、千乃裕子と千乃正法会について多くの文献にあたり、また関係者にも取材している。それによって、特異な集団の優れたモノグラフになっている。

私にとって印象深かったのは、千乃の住まいのことだった。彼女が母親とともに住み、神憑りを経験し、開いた英語塾に集まってきた女子高生たちと天使を呼び出し、霊言による対話を行った自宅は、池田市にある阪急電鉄石橋駅《はんきゅうでんてついしばしえき》(現在は石橋阪大前駅《いしばしはんだいまええき》に名称変更)の駅前商店街のど真ん中にあった。著者は、そこも訪れ、今はなくなってしまった千乃の家のありかを突き止めようとしている。

千乃は1934年の生まれで、石橋に住みはじめたのは戦後すぐのことで1982年まで住んでいたらしい。彼女が石橋にいたことは、白装束騒動が起こったときに聞いていたが、実は私の両親は、私の2人の妹とともに、1971年から石橋駅に近い場所に東京から移り住んでいた。私も大学の休みには帰省することがあり、石橋駅前の商店街はよく知っている。もしかしたら私は千乃とすれ違っていたかもしれないのである。

千乃がどういった生涯を歩んだかは、金田の本に詳しいが、1975年頃にGLAの信者になったのは、彼女の母親の方だった。千乃は最初、GLAを否定していたが、霊的な体験をするようになり、GLAの高橋信次の本の内容に感動し、それに没頭するようになる。

ところが、1976年6月に高橋は亡くなってしまう。第6章でも見たように、GLAは後継者をめぐって混乱状態になり、分派も生まれる。千乃は、高橋の後継者という形で

ＧＬＡに入会を希望する。そんなあつかましい希望が通るわけもなく、ＧＬＡには黙殺されてしまった。だから彼女はＧＬＡには入っていない。

それでも千乃は、自分こそが高橋のやり残した、世界の真実を明らかにする仕事ができると考え、高校生たちとともに本を執筆し、それは、１９７７年の年末に『天国の扉』としてたま出版から刊行された。その内容は、ＳＦ的なオカルトストーリーだが、高橋が説いていたことを下敷きにしていたため、ＧＬＡを離れ千乃のもとに移ってくる人間も生まれた。続編も刊行され、全国で集まりがもたれるようになり、雑誌も刊行された。こうして千乃正法会が誕生したのだ。

千乃の特徴は、自分が表に出なかったことだ。各地の集まりにも顔を出さなかった。会の活動は、女子高生だった女性たちや書籍・雑誌の出版に携わった人間たちが担った。したがって、会員のなかには、白装束騒動で、千乃がテレビのインタビューに答えるまで、その姿を見たことがなかったという人間たちさえいた。

反共思想と陰謀論「スカラー波」「リビドー攻撃」

そこが、ＧＬＡの後継者となった高橋佳子や、ＧＬＡに関心を持つ人間たちをも取り込んでいった大川隆法との違いだった。高橋や大川は、講演会などのイベントを頻繁に開き、信者を増やしていった。千乃にはそれが欠けていた。それが千乃正法会が幸福の科学やGLAほど組織を拡大できなかった原因であろう。

もう一つ、千乃正法会とGLAや幸福の科学との違いは、反共思想の有無だった。千乃の説く教えの基本は善悪二元論で、人類の歴史を貫いて善と悪とが闘い続けてきたというものである。こうした善悪二元論は、世界的に見れば、ゾロアスター教やマニ教といったペルシアに生まれた宗教の特徴であり、また、カトリック教会からは異端とされたカタリ派などにも見られた。旧統一教会の場合も、すでに見たように、世界の歴史を神側とサタン側の対立ととらえてきた。

これも旧統一教会と共通するのだが、千乃は、この世界に現れた悪として共産主義を想定した。白装束騒動が起こったとき、千乃正法会の機関誌に旧統一教会系の団体の広告が出ていたのを見たように記憶しているが、1978年に創刊された千乃正法会の『JI《ジェイアイ》』という機関誌には、旧統一教会系の『世界日報』の記事が転載されていた。千乃正法会は、宗教団体であるとともに反共の運動体でもあったのだ。

ただし、千乃正法会が旧統一教会と異なるのは、反共を掲げるだけではなく、陰謀論に傾いていったところだった。共産主義の過激派によって自分たちは監視されているとして、重要な話は暗号で行うようになった。郵便局員には共産党員が多いので、千乃に送られてくる郵便物が遅れたり、中身が見られたりしているということが、組織のなかで語られるようになっていく。これは、まるで戦前の日本共産党が経験したことのようである。共産党員は組織のなかにスパイが紛れ込んでいるとして、それを恐れた。

これがやがて、千乃や千乃正法会のメンバーは共産主義過激派による電磁波攻撃を受けているという、外側から見れば妄想としか思えない考え方を生み出すことになる。それがキャラバンに結びついた。

最初のキャラバンは1991年からはじまるが、それは、千乃に対する攻撃が、場所を少し移動することで収まったからだった。だからこそ、移動をくり返すためにキャラバンがはじまり、運転を交代する人間や千乃の身の回りの世話をする人間が必要になったため、そこに参加する車の数が次第に増え、参加するメンバーも10人から15人に増加した。ただ、この段階では、組織のなかで攻撃がスカラー波によるものとは特定されておらず、白い布がそれを防ぐのに有効だとも考えられていなかった。したがって、白装束集団という形はとらなかった。

しかも、その後の展開を考えると不思議なのだが、集団のなかに生まれた科学班は、千乃が攻撃を受けているという主張には根拠がないと結論づけ、キャラバンを中止している。それでも、キャラバンが解散した後、千乃は攻撃を受けていると訴え続けたため、千乃正法会の内部は、千乃を支持する人間と支持しない人間に分かれて対立し、退会する者も現れた。

その後、電磁波はスカラー波であると特定され、それが少ない場所ということで、福井市五太子町にパナウェーブ研究所が設立される。だが、研究所から車で出て、電磁波の少ない場所を探す試みがくり返されることで、1994年の春から第2次キャラバンがはじまる。これが騒動まで10年間続くことになる。こちらのキャラバンでは、スカラー波を防ぐには白い綿布《めんぷ》がもっとも効果的と判断されたので、林道などの木やガードレールは白い布で覆われた。また、車にはやはり電磁波除《よ》けということで、渦巻き模様のステッカーが至る所に貼られた。

スカラー波は車に蓄積すると考えられるようになる。そこで行われるようになるのがスカラー波抜きの作業である。金田によれば、それは、「アース線（静電気を地面に流す電線）を車に付け、それに車内に溜まったスカラー波を誘導し、アースチェッカー（アース線からスカラー波を地面に流す作業員）がスカラー波を地面に吸収させるという作業工程となった。が、肝心のスカラー波をアース線に流す作業は、なんと〝人間の気〟を利用するというものだった」というのである。

作業員は、スカラー波の詰まっている車のアース線に手をふれ、「スカラー波、流れます、流れます……」と、気や脳波を使って一心に念じる。作業員は定められたさまざまな規則に従わなければならないし、それとは別にスカラー波の溜まった白い綿布を洗う作業もあった。

しかも千乃は、メンバーに対して、自分を攻撃するなとしばしば叱責した。とくに千乃が嫌悪したのが、彼女が言うところの「リビドー攻撃」で、メンバーが性的な欲望を抱くと、それが千乃への攻撃になるとしたのである。

キャラバンにおいて、こうしたことが10年近くにわたって続いたわけだから、メンバーのなかには千乃に対して不信感を抱き、抜ける者もかなり現れた。それでも千乃に従い続ける人間がいて、キャラバンは２００３年に報道にさらされるまで続くのである。

サタンを消滅させた千乃の死と、売られ続ける著書

白装束集団騒動がおさまり、千乃が亡くなることで、二度とキャラバンが行われることはなく、千乃正法会はさらに衰退していくが、注目されるのは、組織のなかで千乃の死に重大な意味が与えられたことである。それは、次のようなものである。

共産主義過激派を使っての10年以上にわたるサタン勢力の攻撃によって、スカラー波は地中に溜まり、それによって地球の寒冷化が避けられない事態になった。それは、地中に潜むサタンをも死滅させることを意味する。

そこでサタンは、老衰し意識が薄弱となった千乃に入り込み、直接殺害を試みる。さらには、千乃の味方のふりをする存在を車に招き入れさせ、大魔王は侵入に成功する。そして、サタン勢力との戦いが起こるが、千乃が死に、霊体《れいたい》として外に出た瞬間に、ミカエルが率いる天の軍勢とサタンとの最終戦争が起こった。千乃とミカエルの側がこの戦争に完全な勝利をおさめることで、大魔王らサタンの勢力は消滅したというのである。

これを金田に説明した元信者は、「つまり、スカラー波の攻撃も苦しいキャラバン生活も、背反事件もね、すべては大魔王をおびき寄せて、消滅させるための〝罠《わな》〟だったんですよ」と語ったという。たしかにこれですべてのことが意味づけられ、しかも千乃正法会側の大勝利に終わったとされたのである。

もちろん、これは千乃を信奉しない人間には理解不能な解釈である。しかし、長くキャラバンに従事し、分裂や背反を経験してきた千乃正法会のメンバーには、自分たちのしてきたことが重大な意味を持っていたと納得できる説明になったのである。

ここで重要なことは、サタンの勢力との戦いが、誰の目にも見えない形で起こり、終焉を迎えたことである。千乃ならそれを幻視《げんし》できたかもしれないが、一般の信者たちにはそれはできない。実はそうしたことが起こっていたのだという、ことばによる説明がなされただけである。したがって、それが事実であるかどうかは証明できない。逆に、反論もできない。その説明を信じるか否かが決定的な鍵なのである。

すでに述べたように、反共ということでは、千乃正法会は旧統一教会と共通したものを持っていた。ただし、旧統一教会が、サタン側の勢力として共産主義の国家、あるいは国内的には日本共産党を想定したのに対して、千乃正法会では、共産主義過激派による攻撃を受けていると主張したものの、その具体的な姿を明らかにすることもなければ、過激派に対して直接反撃することもなかった。そこが、旧統一教会とは異なる。旧統一教会は、日本共産党やその青年組織である民主青年同盟のメンバーと物理的な衝突をくり返した。

千乃正法会は、一貫して共産主義過激派の攻撃を防御することに腐心しただけで、その姿勢は完全に受け身だった。組織のなかには反撃するという考えさえ生まれなかった。すべては千乃の頭のなかに生まれた妄想であり、メンバーはそれを共有しただけだとも言える。だからこそ、千乃の死と、キャラバンの行動を最終的に意味づけることができた。現実と直接にかかわらないものであったがために、理屈さえ通っていれば、それでメンバーは納得できたのである。

理屈が通ったためか、その後、千乃の書物は新版が刊行されるなど、現在でも販売されている。また、集いも続けられ、天にある千乃との対話が続けられている。戦いは完全なる勝利に終わったのだが、集いにやってくる人間たちは生きる上での指針を求め続けているのである。

第10章 法の華三法行

恥ずかしいからこそ修行になる街角での勧誘

現在では、街角で宗教の勧誘を受けることは少なくなった。今でも見かけるのは、第3章でとりあげたエホバの証人の信者が駅前に立ってパンフレットを渡そうとしていたり、第4章で取り上げた顕正会の会員が『顕正新聞』を配っている光景に出会うときだけではないだろうか。

しかし、以前は宗教による勧誘活動ははるかに活発に行われていた。

街角で布教活動を行う元祖となれば、それは戦前に新宗教としてもっとも勢力を拡大した天理教である。天理教では、布教のことを「にをいがけ」と呼ぶ。天理教では、自分たちの信仰を「お道《みち》」と呼ぶが、その匂いを他人に掛けることが布教になるというわけだ。

天理教には、本部のある天理市《てんりし》に3カ月にわたって寝泊まりして教義などを学ぶ「修養《しゅうよう》科《か》」という研修会がある。そのなかには、一人で街頭に立ってにをいがけをする単独布教が含まれる。

修養科に入っていなくても、にをいがけは信者に課せられており、今でも時折その光景に接する。私は、銀座で拍子木《ひょうしぎ》を叩きながら布教をしている天理教の信者の姿を見たことがあるし、大阪の心斎橋《しんさいばし》ではにをいがけをしてきた、あるいはこれからしに行こうとする信者の一団とすれちがった。彼らは天理教独特の黒い法被《はっぴ》を着ているので、すぐにそれと分かるのである。

　また、ＪＲのターミナル駅を通りかかると、いきなり若者が近づいてきて、「あなたの健康のために祈らせてください」と声を掛けられることもあった。それは、オウム真理教の事件が起こる前後までのことである。もちろん、そんな声を掛けられても、ほとんどの人たちは無視して通りすぎていく。だが、たまに祈ってもらっている人もいた。祈る側は、通行人の額の前に手をかざして祈るのである。

　これは神慈秀明会という宗教団体の修行だった。神慈秀明会は、熱海《あたみ》に本拠をおく世界救世教からの分派で、世界救世教や同じくその分派である世界真光文明教団《せかいまひかりぶんめいきょうだん》や崇教眞光などと同様に手かざしを中心とした教団である。手かざしは、さらに遡れば、世界救世教の教祖も信者だった大本に行き着く。滋賀県にあるミホ・ミュージアムは、神慈秀明会の会主であった小山美秀子《こやまみほこ》が設立したものである。信者たちにとって、街頭で通行人に声をかけるのはとても恥ずかしいことなのだが、恥ずかしいことをあえてするからこそ修行になるわけである。

ただし、神慈秀明会では、布教や献金集めに行き過ぎがあったとして、1996年末に姿勢を大きく転換する。それ以降は、街頭での手かざしは行われなくなった。私はまだそれが実践されていた時代に、一度、祈らせてくださいと近寄ってきた信者と話をしてみたことがある。この信者は、詳しいことは本部に聞いてくれと言うだけで、教えや教団の活動についてほとんど何も教えてくれなかった。別に秘密にしている様子はなく、人に教えを説けるだけの十分な知識をもちあわせていないように見受けられた。その信者は街頭に立って8年にもなると言っていたが、彼にはそれが唯一の生きがいであるとのことだった。

「最高ですか?」「最高です!」と絶叫

私が神慈秀明会の信者と話をしたのは、渋谷駅周辺でのことで、1990年代の前半のことだったが、同じ渋谷駅でそれよりもっと奇妙な光景を見かけたことがある。

「健康あふれた楽しい毎日です。家族全員が豊かで明るい毎日です」といったことばを、二拍子《にびょうし》のリズムに乗せて大声で唱え続けていた人間たちがいたのだ。彼らは、このことばをわめくように唱えるだけではなく、「最高です!」と絶叫したり、通行人に「最高ですか?」と呼び掛けたりもしていた。

異様な光景だったが、これは法の華三法行という宗教団体の修行に参加した人間たちだった。「健康あふれた楽しい毎日です。家族全員が豊かで明るい毎日です」は七勧行《ななかんぎょう》と呼ばれるもので、いいかげんにやっていると、指導者から「本気を出せ」と怒鳴られる。修行の目的は、「頭をもぎとること」にあるとされていた。頭をもぎとるというのはかなり物騒《ぶつそう》な表現だが、法の華三法行の創立者である福永法源《ふくながほうげん》は、人間は頭にだけ頼って観念に縛られ、そのために不幸になっており、観念から解放されれば、病気も治り、家庭もうまくいくと説いていた。「最高です！」と叫び続けるのも、頭をもぎとるためだというのである。

日本の宗教の世界では、古代から修行が重視されてきた。これは、日本の宗教の特徴でもある。平安時代に天台宗の宗祖となった最澄の開いた比叡山は修行の山として知られ、そのなかでもっとも過酷な修行が、広く知られた千日回峰行《せんにちかいほうぎょう》である。

比叡山で学んだ経験を持つ曹洞宗の宗祖、道元《どうげん》は中国で学び、禅の修行を日本にもたらした。曹洞宗の修行僧である雲水は、道元が開いた福井の永平寺などで坐禅の修行に明け暮れる日々を今でも送っている。あるいは、仏教の密教の信仰が山岳信仰と習合して生まれた修験道の山伏は山野を駆け巡って修行を行う。新宗教のなかにも修行を重視するところがあり、オウム真理教やその後継団体などはその代表である。法の華三法行は、独自の修行の方法を編み出したとも言えるが、街角で「最高です！」と絶叫するのだから、かなり異様な修行であったことは間違いない。

福永法源は、本名を福永輝義《ふくながてるよし》と言い、1945年に山口県で生まれている。父親は戦死し、自身は吃音《きつおん》に苦しんでいた。母親とともに、浅尾一行《あさおかずゆき》という人物が開いた宗教団体・自然の泉や、谷口雅春の生長の家に入信したこともあった。高校卒業後、東芝《とうしば》の子会社に入社したが、23歳で退職して起業し、製図やトレースの仕事をはじめ、さらには横浜でマイコン製造の会社を設立し、健康器具の販売にまで手を出した。

事業は順調だったが、手形詐欺にあい、会社は倒産してしまう。債権者からの厳しい取り立てにもあい、自殺も考え、ガス栓をひねろうとした瞬間、福永は、男とも女ともつかない声を聞く。その声は、「形あるものはすべて消えた。会社もビルも工場も営業所も従業員も預金通帳も……。だがしかし、この世の中には形を持たず、目にも見えないが人間として一番大切な財産がある。それを売ってまわる大事業家になれ」と言ってきたのである。

証明できない啓示「天声」と、「富士天声村」の建設

福永は、こうした声を「天声《てんせい》」と呼ぶ。そこには、自然の泉が神の声を「親声《しんせい》」と呼んだことが影響しているともされるが、私は、むしろ生長の家の谷口の体験に近いように感じる。

谷口は一時、大本の信者になっていたが、そこを抜けた。神戸にいて、自宅の近くにあった本住吉神社《もとすみよしじんじゃ》に参拝するのを日課にしていたが、ある日、静座《せいざ》して合掌瞑目《がっしょうめいもく》していると、「物質はない」「無より一切は生ず」という声が聞こえてきた。「形あるものはすべて消えた」という福永の天声の元はここにあったのではないだろうか。

天声も谷口の聞いた声も、啓示の一種である。こうした啓示を受けることで宗教家としての活動を行うようになるのは珍しいことではない。だが、啓示には問題がある。

一つは、啓示が実際のものより誇張されやすいということである。それは、キリスト教をユダヤ人以外に広めることに功績のあったパウロについて言える。新約聖書の「使徒言行録」には、パウロの回心は劇的なものとして語られているが、本人は控え目にしか述べていない。

創価学会の2代会長であった戸田城聖の体験についても同じことが言える。獄に捕らえられた戸田は、『法華経』を白文で読んでいて、「仏とは生命なり」という認識を得たとされ、それは「獄中《ごくちゅう》の悟達《ごたつ》」と呼ばれる。だが、本人はそれについてさほど感動的には語っていない。

どちらの場合も、後世に潤色されたと考えられる。啓示のもう一つの問題は、こちらの方が、より本質的なことだろうが、啓示が本人だけが知る体験で、それを客観的に証明することができないことにある。

仏教は釈迦の悟りの体験からすべてがはじまるが、悟りは釈迦の内面で起こったことであり、外側からそれを知るすべはない。また、釈迦が悟りを開いたとき、その場面を目撃した人間もいない。

福永の天声もそれと同じで、本当にそれが起こったことなのかどうか、本人の証言以外にそれを証明するものがない。天声が本物であるかどうかの判断が難しいのは、そのためだ。

天声をきっかけに、福永は1980年の春から講演活動をはじめ、『なぜ金持ちになろうとしないのか』(現代書林)や『億万長者になる法』(同)といった本を出版した。1984年からは「億万長者養成所」という2日間にわたる研修会も開催するようになる。

教えの基本が、すでにふれた七勧行になるが、それは、「健康あふれた楽しい毎日です」とか、「感謝にみちた幸せな毎日です」といった、誰にでもわかる平易なものだった。

1984年には、静岡県富士市に本拠を構え、「富士天声村《ふじてんせいむら》」の建設もはじめる。天声村は約2万平方メートルの敷地を持ち、そこには、本堂となる天地堂《てんちどう》や温泉施設である「温行館《おんぎょうかん》」などが建てられた。1987年には静岡県から宗教法人として認証されている。渋谷の松濤《しょうとう》にも教団の施設が作られた。渋谷の街に「最高です！」の声が響いたのもそのためである。

マザー・テレサ、B・クリントン、サイババ、小柳ルミ子、蜷川幸雄、NHK…

福永の本は、彼が経営するアースエイドという出版社から刊行された。地球を救うという意味のアースエイドが示すように、福永はエコロジストとして自らを売り出す。週刊誌には、福永と有名人との対談を、アースエイドの広告として掲載するようになる。そのなかには、マザー・テレサをはじめ、ビル・クリントンやサイババ、あるいは小柳《こやなぎ》ルミ子《こ》のような芸能人、小尾信彌《おびしんや》放送大学長のような学者も含まれていた。

小柳ルミ子とは話が合ったようだが、放送大学については、福永は実情をまったく知らないまま、小尾学長との対談に臨んでいた。私は、放送大学に隣接する文部科学省の大学共同利用機関、放送教育開発センターで働いた経験を持っていたので、その点が気になったものの、小尾学長はまだ世間にはなじみの薄かった放送大学の宣伝に懸命につとめていた。

さらに福永は、世界的な演出家である蜷川幸雄《にながわゆきお》のスポンサーになったこともあった。1994年にリレハンメル・オリンピックの開幕前夜祭で初演され、イギリスでも上演された『ペール・ギュント』は、ステージをテレビゲームのなかの世界に見立てた、いかにも蜷川らしい斬新《ざんしん》な舞台だった。この公演に資金を提供した福永は、パンフレットのなかで、芸術に理解のあるパトロンであると絶賛されていた。

福永が蜷川のパトロンになる場面は、NHKのBSで放送された。『ペール・ギュント』の公演を中心に、蜷川の演出家としての活躍ぶりを描いた番組に記録された。金に困っている蜷川のプロデューサーの前に、福永はまるで救世主のように登場したのだ。番組のなかで、福永がどういった人物であるのかは紹介されなかったが、その場面は蜷川の舞台なみに劇的だった。

ただ、こうした人たちにとって、あるいはNHKにとっては、今になって振り返ると、福永と関係を結んだことは、消し去りたい「黒歴史」になるのかもしれない。というのも、福永はやがて信者たちから告発され、詐欺罪に問われることになったからである。

足裏という着目点と、夫婦で350万円の参加費

特に問題にされたのが、「足裏診断法《あしうらしんだんほう》」などのマニュアルの存在だった。

法の華三法行では、病院へ通院する人間や面会者をターゲットにして布教するための、病院一覧表付きの「勧誘マニュアル」を用意していた。マニュアルには、面会時間などに合わせてどういった人間をターゲットとするかが、病院別、曜日別に詳しく記されていた。病気だと分かると、さまざまな新宗教の信者が勧誘にやってくるというのは昔から言われていたが、法の華三法行はそれをシステム化したのである。

病院で勧誘された人間や、福永の本を読んで関心をもった人間に対して施されるのが、足裏診断法である。ルポライターの米本和広《よねもとかずひろ》の「福永法源の仮面を剝《は》ぐ」（『現代』1996年3月号）によれば、福永は足の裏を見ればすべてが分かると広言し、子どもの病気で悩む女性の足の裏を見た瞬間、「よくこんな汚い足でいられるな。いつ死んでもおかしくない。こんな足だから、病気の子が生まれるのだ。（夫に向かって）よくこんな女と一緒になったもんだ。二人で特訓を受けてこい」と、修行への参加をすすめた。その修行が、すでに紹介した「最高です！」と絶叫する5日間の「人間法源生きざま修行」で、参加費は本人が125万円、夫が225万円だった。

なぜ、足の裏を見るとすべてが分かるのか。

著書『病苦を超える最後の天行力《てんぎょうりき》』によれば、足の裏には、「体のどこよりも、その人の生きざま、そして、先祖5代にいたるまでのそれぞれの生きざまと死にざますべてが刻まれている」という。ただし、なぜ刻まれているかはまったく説明されていなかった。

福永のもとを訪れる人間は、なんらかの不安をかかえている。不安をかかえているからこそ、福永にすがろうとした。そこで福永から「いつ死んでもおかしくない」と言われ、その不安をつかれると、たとえ参加費が高額でも言われるままに支払ってしまったのだ。

これは、占い師のもとを訪れて、「悩みごとがありますな」と言われ、見透《みす》かされたような気持ちになるのと心理としては共通している。足の裏という、誰もがふだん関心をもたず、また、必ずしもきれいとはいえない部分に着目したところに、福永の巧妙さがあった。

しかし、こんなやり方では、早晩《そうばん》問題が生じてくる。修行を実践して、それで効果があれば、参加者は問題を感じたりしない。だが、「最高です！」と絶叫するだけで、その人間が大きく変わり、抱えていた問題が解決するわけではない。

たしかに、街中で「最高です！」と絶叫したり、通行人に「最高ですか？」と問い掛けなければならないとされたとき、人は恥ずかしいと感じ、なかなかそれに踏み出せない。

しかし、その躊躇《ためら》いを乗り越えて、踏み出せば、今まで自分にできないと思っていたことができるようになったわけで、そこに達成感を持つ。これは、第8章でふれた自己啓発セミナーの場合と似ている。どちらも1980年代から1990年代にかけて盛んになったことを考えると、強い達成感を求めることがもてはやされたバブル的な風潮がその背景にあったと見ることもできる。

ただ、達成感は一時的なもので、修行を終え、日常に戻ると、高揚感は失われてしまう。自己啓発セミナーでは、参加者を勧誘という方向に導いていくことで、さらなる達成感を生む仕掛けを用意していたが、法の華三法行にはそれもなかった。しかも、足裏診断法となれば、一方的に診断が下されるだけである。

原告1100人、請求総額54億円の詐欺訴訟

オウム真理教による地下鉄サリン事件が起こった翌年の1996年には、各地で法の華三法行に対する被害対策弁護団が結成され、次々と民事訴訟が提起される。2000年4月の時点で、原告は約1100名に及び、請求総額も54億円を超えた。

1999年11月には、栃木県警が信者らの摘発《てきはつ》を行い、強制捜査にも着手した。そして、2000年5月には福永が逮捕されている。福永のほかに12名の幹部が逮捕され、被害総

額は600億円以上に達した。

従来は、宗教法人は聖域《せいいき》であり、警察が踏み込むことは難しいと考えられていた。憲法で保障された信教の自由があったからである。

しかし、オウム真理教の事件が起こり、大規模な強制捜査が行われたことが、聖域を突き崩すことに結びついた。もしも法の華三法行の事件が、1995年以前に起こっていたら、事態は異なる形で進行していたかもしれない。

ただ、宗教団体による金集めを詐欺とすることには高いハードルがあった。それが正当な宗教活動なのか、それとも違法なものなのか、判断が難しいからである。

もし足裏診断法が、福永だけがやるものであったとしたら、そこで行われる診断は天声によるものだと主張できたはずだ。そうなると、詐欺とは断定できなくなる。

ところが、法の華三法行では、足裏診断法は福永だけではなく、教団の関係者も行った。その際に、「足裏診断士養成マニュアル」が存在したことが、詐欺罪を成立させる上で決定的に重要な意味を持った。診断が天声によるものではないことが、そこに示されていたからである。診断士は、相談者に対していきなり、「あなたはこのままだとガンになるよ」とか、「汚い足裏ですね」「相当血液を汚してきたね」と言い放ち、高額な参加費を必要とする修行に参加するよう仕向けたのである。

修行の参加費だけではない。掛け軸が333万円で、福永の手形の入った額縁《がくぶち》が1000万円、仏舎利塔が2000万円といった具合で、それを購入しないと、やはり脅された。

懲役12年の実刑と「復活祭」そして2代目法源

今から振りかえってみると、相当に強引なやり方で、問題が起こるのは必然だったと思える。福永に対しては、2005年、東京地方裁判所において、懲役12年の実刑判決が下った。この判決は最高裁で確定し、福永は収監《しゅうかん》された。ただ、未決勾留《みけつこうりゅう》期間が差し引かれたので、2014年には栃木県の黒羽刑務所《くろばねけいむしょ》(現在は閉庁)を出所している。他の幹部も有罪判決を受けている。

出所後の福永は、まったく反省していなかった。2015年には、「復活祭」というイベントが開かれ、活動の再開を宣言した。2011年には、すでに一部の元幹部が「天華《てんげ》の救済《きゅうさい》」という後継団体を作っており、福永も加わった。2016年に、この団体は「第《だい》3救済慈喜徳会《きゅうさいじきとくかい》」と改称されたが、翌年に福永はここから抜けている。この時点で福永は70歳を超えており、健康上の理由からだということだった。

ただし、第3救済慈喜徳会のサイトでは、現在においても、福永の法話が掲載されているし、福永の著作も復刻され、販売されている。また、年に一度「天空超天行力《てんくうちょうてんぎょうりき》」というイベントも開催されている。サイトを見る限りでは、「最高です！」と絶叫するような修行や足裏診断法は行われていないようだ。

福永が第3救済慈喜徳会を抜けた後、2代目法源と名乗る人物が「天喜《てんよろこ》びの大樹《だいじゅ》」という別の団体を立ち上げたものの、福永と直接の関係はなく、すぐに活動を停止してしまったようである。

福永が抜けてしまった以上、第3救済慈喜徳会の活動はそれほど活発ではないように見える。だが、いったんその教えにふれた、あるいは修行を経験した人間にとっては、それが貴重なことだったただろう。信仰は容易には消えない。

それは、オウム真理教をはじめ、本書で取り上げたさまざまな団体についても言える。ライフスペースやパナウェーブ研究所でさえ、完全に消滅してしまったわけではない。教祖が亡くなっても、その教えを受け継ぐ人間がいて、何らかの形で活動を続けている。第3救済慈喜徳会がこれからどうなるかは分からないが、有能な後継者、あるいは力を持った組織者がそこに生まれたとしたら、ふたたび世の中の注目を集めるかもしれないのである。

おわりに

信者か非信者かでこころの中は大きく異なる

それぞれの宗教には独自の世界観がある。

宗教の世界観は、宇宙のはじまりから説かれることも多く、実に壮大である。神によって創造された世界がどういった歴史を経て、今日に至るのか。そこには、人類の堕落と救済などの重要な出来事が含まれている。

キリスト教は、まさにそうした世界観を持っている。聖書では世界の創造について語られ、原罪を犯した人類がどういった歩みを経て、救世主としてのイエス・キリストを迎えることになったのか。激動のドラマがそこには展開されている。

それがキリスト教の教義の基盤にもなっているわけだが、歴史を経るにつれて、信者たちはそうした世界観には関心をさほど示さなくなっていく。教義の上では、世界の終わりはすぐにでも訪れ、イエス・キリストが再臨して、最後の審判が下されることになっている。もちろん、それを今でも堅く信じている熱心な信者もいるわけだが、多くのキリスト教徒は、そうしたことには関心をむけず、ただ神を信じ、神に祈りを捧げる日々を送っている。それが、カルトとしてはじまった宗教がたどってきた道であり、それによって社会に定着していくことになる。

これは、キリスト教に限らず、どの宗教にも共通して見られることである。歴史を重ねるとともに、どの宗教でも複雑な教義の体系が確立されていくが、信者の数が増えていくと、併行して信仰の大衆化が起こる。大衆である一般の信者は、高度な教義の体系には興味を持たないのである。

本書で取り上げた宗教集団の場合には、歴史が浅い分、信仰の大衆化は、今の段階では十分には起こっていない。依然として多くの信者は、教団が説く世界観を信奉し、その世界に生きている。

たとえば、旧統一教会であれば、聖典である『原理講論』に示された世界観を信者たちは共有している。『原理講論』では、堕落から復帰へとむかう人類の歴史が語られ、救世主の存在が説かれている。信者は今もそれを信じ、そうした世界観に従って日々の活動を展開している。

信者は、教団特有の世界観を共有しているわけだが、信者以外の一般の人々は、それを共有していない。信者になる以外に共有は難しい。つまり、信者とそうでない人間とは、まったく異なる世界に生きている。両者は外見では区別できないが、こころのなかは大きく違うのである。

サタン、共産主義、宇宙人…と教団ごとに「敵」はいろいろ

単に異なる世界観を持っているということであれば、問題は生じない。

ところが、本書で取り上げた宗教集団では、「敵」を想定するところが少なくない。味方と敵が区別されるようになれば、信仰を共有しない人間は、信者からは敵と見なされる。そうなると、そこに対立が生まれ、重大な問題が生まれてくる。

旧統一教会では、善悪二元論の傾向が強く、この世界においては、神側とサタン側に分かれて戦っているととらえる。神側に属する信者たちは、サタンとの戦いのなかにあるという自覚を持っている。これに類似した考え方は千乃正法会にもあり、教祖である千乃裕子はサタン側の攻撃を絶えず受け続けていると主張した。

サタン側として共産主義の勢力を想定する点で、この二つの集団は共通している。ただ、

旧統一教会が、現実に存在する共産主義の勢力、ソ連や中国、北朝鮮、あるいは国内的には日本共産党をサタン側にあるととらえ、とくに日本共産党やその青年組織、民主青年同盟と直接に対決したのに対して、千乃正法会では、共産主義の過激派に攻撃されていると訴えてはいたものの、直接的に対決はしなかった。そこに二つの集団の大きな違いがあった。

千乃正法会が、千乃裕子の死によって根本的な救済がなされたという物語を作り上げ、会員がそれに納得できたのも、現実の世界に敵を求めなかったからである。もしも日本共産党や新左翼の過激派を具体的な敵に想定していたら、そうした集団が存続している限り、自分たちが勝利したという物語を作り上げることはできない。

一方で、宇宙人を敵とするのがサイエントロジーである。ただし、教団の側はその点は事実でないと否定している。宇宙人が登場するところには、創始者がSF作家であったことが影響している。

千乃正法会でも、神とサタンとの闘争は、SF小説のような物語として描き出された。そこには高橋信次のGLAの影響があった。幸福の科学にも高橋の影響があり、この集団が説く神の物語は、GLAや千乃正法会と共通したところをもっている。

しかも、幸福の科学で行われているさまざまな祈願のなかには、「悪質宇宙人撃退祈願」というものがある。ただ、撃退を祈願はするものの、相手が宇宙人であるために、実際に戦うわけではない。
これとは別種の敵を想定するのが、「正法」の考え方を打ち出す集団である。

既存仏教、巨大新宗教、常識も「敵」になる

その典型が顕正会である。顕正会では、宗祖である日蓮の説く教えを正しい仏法である正法としてとらえ、それに背く教えを「謗法」として否定する。現実には、創価学会をもっとも重要な敵としてとらえており、創価学会批判をくり返してきた。

正法を強調し、謗法を否定する考え方は、顕正会が批判する創価学会にも強くある。さらに正法の強調は、間接的な形ではあるものの創価学会の影響を受けたＧＬＡを介して、幸福の科学にも千乃正法会にも受け継がれている。

浄土真宗にも、仏教教団である以上、正法の考え方はある。けれども親鸞会がそれを強く打ち出しているわけではない。ただ、親鸞会は、一般の浄土真宗が葬式仏教に堕落しているとして、それを批判してきた。逆に、一般の浄土真宗の側は、親鸞会を異安心、異端としてとらえてきたので、彼らにとっては親鸞会こそが敵である。

キリスト教会から異端とされてきたのが、旧統一教会とエホバの証人である。この二つの集団は、一般のキリスト教会を敵として直接に攻撃してきたわけではないが、自分たちこそが正しいキリスト教の信仰を受け継いでいるという認識がある。とくにそれはエホバの証人の場合に顕著である。旧統一教会の方は、儒教の性格をより強く帯びるようになり、キリスト教としての性格は弱くなった。旧統一教会は、一般のキリスト教会を格別敵対視したり、攻撃してきたりしたわけではない。あくまで敵は共産主義の勢力である。ただ、プロテスタントの牧師が、信者の強制脱会を行ってきたという点は強く批判してきた。

敵として想定された存在に特徴があるのがサイエントロジーの場合である。サイエントロジーでは、精神医学を敵視し、反精神医学の運動を展開してきた。サイエントロジー以外にも、反精神医学の運動はあり、そうした運動体とは共闘できるかもしれない。だが、一般の社会では精神医学は受け入れられており、その点でサイエントロジーの見解は社会と相容れない。

エホバの証人には輸血拒否の主張があり、医学の世界と対立しているようにも見える。しかし、輸血以外の医療行為については認めており、輸血をしない手術を求めたりしている。決して彼らは医学そのものに敵対しているわけではない。輸血を拒むことが、結果的に医学界との対立関係を生み、それが社会との対立にも発展したわけである。

敵を想定すれば、そこに戦いが生まれる。敵が現実の社会に存在するものであれば、両者の戦いは騒動に発展し、一般の社会にも影響を与える。旧統一教会に対して厳しい批判が寄せられてきたのも、日本共産党という現実に存在する政治勢力を敵に回したからである。日本共産党やそのシンパは、旧統一教会が自由民主党などの保守勢力と癒着《ゆちゃく》している点を強く批判してきた。

顕正会の場合にも、創価学会を正法に背く敵としてとらえ、創価学会の会員をターゲットに折伏を展開した。その点で両方の組織の会員同士で対立することはあるが、旧統一教会と日本共産党のようにそこで暴力がふるわれることは少ない。しかも、顕正会は組織全体として創価学会を目の敵にしてきたが、創価学会の側にはその意識は乏しい。

それぞれの集団のメンバーにとっては、敵はリアルな存在で、自分たちにとっては重大な脅威である。だからこそ排斥しなければならないと考えるわけだが、その集団に属していない一般の人間は、その意識を共有していない。

その集団に対してカルトであるという批判が生まれるのも、そうした集団が特有の世界観を持ち、そのなかで敵を想定するからである。敵は外側の社会に存在し、一般の人たちもその仲間と見なされることがある。そうなれば、集団と社会とは対立関係になり、社会の側は集団を問題視するようになる。

世間はカルトに厳しいが、それでも人はカルトにひかれる

もちろん、世界の宗教がそうであったように、そうした集団でも、時間の経過とともに、特有の世界観への関心は薄れ、敵を強調しなくなっていく。

旧統一教会は、ソ連の崩壊によって共産主義の勢力が力を失ったこともあり、反共（勝共）を以前ほど強く打ち出さなくなっている。そこには、メンバーの世代交代もかかわっている。旧統一教会に1960年代から1970年代にかけて入信した信者は、反共ということに関心を持っていたわけだが、二世信者にはそうした意識は乏しい。

顕正会でも、最近では強引な折伏で逮捕者を出すということがなくなってきている。おそらくそこには、会員の世代交代が関係しているであろう。街頭で『顕正新聞』を配っているのは年配者がほとんどで、若者たちの姿を見かけることはない。顕正会も二世会員になると、組織の拡大にはさほど熱心ではなくなっている。

しかも、カルトに注がれる社会の目は相当に厳しいものになってきている。

そこにはオウム真理教の事件の影響が大きい。宗教団体は権力が介入できない聖域ではなくなり、問題となる行動を起こせば、社会から強い批判を浴びるだけではなく、警察による厳しい取り締まりも受けるようになってきた。ライフスペースの教祖に殺人罪が適用されたり、法の華三法行の教祖に詐欺罪が適用されたのも、それが関係する。

エホバの証人については、社会が親による虐待を問題視し、それを犯罪行為として扱うようになったことで、子どもの輸血拒否や鞭打ちによるしつけが難しくなった。教団もそうしたことを奨励しているわけではないと、弁明せざるを得なくなってきた。

社会がいかに圧力をかけていくか、いわゆる「カルト問題」解決の鍵はそこにある。

ではなぜ、人はカルトと指摘されるような集団にひかれるのだろうか。

その理由について、騙されて入信していくのだと説明されることがある。実際、教団のなかには、正体を隠して勧誘するところがある。

なぜ、なおひかれる人々がいるのか

だが、騙されたとしても、どこかでそれに気づくわけで、それでも入信していくにあたっては、入信する側に何らかの理由があるはずである。

その理由を考えるには、二つの事柄に着目する必要がある。

一つは、その人間のおかれた状況である。

もう一つは、出会いである。

この二つの事柄が重なることで、人は、その集団にはまっていく。

まずは状況である。

人はいつも幸福な状態にあるとは限らない。不運に見舞われることもあり、不幸のどん底に突き落とされることだってある。

しかし、それほどの不幸ではなくても、孤独に襲われることがある。この孤独が、人を宗教へと導く決定的な要素になりやすい。

戦後に拡大した新宗教の場合、創価学会や立正佼成会ということになるが、まさに孤独が入会のきっかけになった。こうした教団が伸びたのは1950年代半ばからの高度経済成長の時代で、地方から都市に労働力として出てきた人間たちが、そのターゲットになった。彼らは小卒や中卒で、大企業に勤められないのはもちろん、中小企業でさえ就職できず、零細企業や町工場あるいは商店に勤めるしかなかった。そうした職場には労働組合もなかった。

仕事は厳しいわりに賃金は安く、倒産や解雇も珍しくなかった。彼らは、地方にいたときには、地域共同体のなかにしっかりと組み込まれていたが、都市に出てきたばかりの段階では、そこからは切り離されてしまい、孤独な状況にあった。新宗教は、そうした境遇にある人々に手を差し伸べることで信者を増やしたのである。

私が旧統一教会のホームを訪れた話は、第1章でしたが、その日、帰りがけに、ホームのメンバーからカレーライスをご馳走になった。カレーライスというのは、旧統一教会において新しい仲間を増やすための手段の定番らしいのだが、日頃、一人暮らしで仲間もいない人間であれば、それだけで旧統一教会にひかれていく。後日また訪れたりするのだ。

カルトと言うと、恐ろしい集団のイメージが強い。けれども、現実に存在する集団は、新しく入ってくる人間に対してはとくに優しく接してくる。それで孤独を癒される人間はいくらでもいる。孤独に子育てをしている女性も、そうなりやすい。カルトの恐ろしさばかりが強調されると、言われていたのとは違う集団の姿に接して、世間の見方は間違っているとさえ思うようになる。強調がかえって逆効果にもなってしまう。

カルトの側も、それを想定し、積極的に出会いの機会を用意する。それが勧誘であり、布教である。いくら孤独を感じていても、そうした人間は積極的に出会いの場を求めたりはしない。けれども、誘われると、優しくしてくれる分、それに乗ってしまうのだ。

出会った当初は、その集団の教えや活動の方法など知らない。説明を受けても違和感しか持たない場合もある。だが、誘う側は熱心で、集団に入ったことのメリットを熱を込めて語る。そうなると、それにほだされ、集団から離れられなくなる。

信者になっても、誰もが全面的に信仰を受け入れているとは限らない。さまざまな疑問を感じているだけではなく、集団の嫌な面を見せつけられることだってある。それでも、どこか一点でも魅力を感じていると、集団との関係をなかなか切ることができないのだ。

いったん集団のメンバーになってしまえば、そこでさまざまな人間と出会い、人間関係が結ばれる。集団をやめてしまえば、そうした人間関係をすべて失うことになる。その人間がまだ若ければ、別の所で新しい人間関係を結ぶこともできるが、年齢を重ねていれば、それは難しくなる。そうなると、たとえ教えや組織のあり方に疑問を感じるようになっていたとしても、容易には離れられなくなるのである。

カルトがまったく存在しない社会はない

そもそも、カルトとされるような集団に加わった人間を幸福とするのか、それとも不幸とするのかは、かなり難しい問題である。本人がそれをどうとらえるかということもあるし、周囲の、とくにその人間と密接な関係にある人間のとらえ方もそれぞれだからである。同じ人間でも、あるとき重大な疑問を抱き、脱会して集団にいた過去を不幸だと考えるようになることもある。一方で、最後まで幸福を感じ続けるような人間もいる。

困難を感じる人間がいるとすれば、それは、いったん集団のメンバーになりながら、途中でそこを抜けた人間だろう。

集団にいたあいだは、その活動にすべてを捧げていた。ところが、信仰の内容に不信感を抱いたり、組織の方針に疑問を感じたりして葛藤し、そこを抜けたとき、過去の自分の人生が無駄だったのではないかという思いに駆られる。自分が間違ったことをしていたのではないかと感じるかもしれない。

そうした人間はどうなるのか。

当初の段階では、自分が所属していた集団の悪をあばき、それを徹底して批判する行動に出やすい。周囲に同じ体験をした元信者がいれば、思いを共有することもできる。そうなれば批判にも勢いがつく。

だが、それが本人にとっての幸福に結びつくわけではない。元いた集団から逆に批判されたり、誹謗《ひぼう》、中傷《ちゅうしょう》されることもある。それで傷つくことも多い。それにいくら自分が厳しい批判を展開しても、集団が簡単に崩壊するわけではない。やり場のない怒りにどう折り合いをつけてよいのか、かえって問題が難しくなっていく。

過去はなかったことにはできないという根本的な事柄がある。だったら、そうした過去にも何らかの意味を持たせなければならない。どういう意味を持たせるのか。脱会した人間のその後の人生は、そこにかかっているとも言える。

カルトなど存在して欲しくない。そう考える人は少なくないだろう。だからこそ、旧統一教会に対する解散命令請求に多くの支持が集まった。

しかし、人間はどこかに精神のよりどころを求めようとする。その重要な対象が宗教である。しかも宗教はおしなべてカルトとしてはじまるのだ。

カルトとしてはじまった宗教は、次第にカルト性を薄めていき、社会に定着していくわけだが、そうなると、当初その集団が持っていた魅力も失われていく可能性がある。そうなれば、新しいカルト＝宗教が誕生し、同じような歴史がくり返されていく。

カルトがまったく存在しない社会はない。私たちは、それを踏まえた上で、そうした集団がどういうものかについて知識を増やし、それが存在する意味について考察を深めていく必要がある。対処の仕方はそれしかないとも言えるのである。

著者略歴

島田裕巳《しまだひろみ》

一九五三年東京都生まれ。宗教学者、文筆家。

東京大学大学院人文科学研究科博士課程修了。

放送教育開発センター助教授、日本女子大学教授、

東京大学先端科学技術研究センター特任研究員を歴任。

現在、東京通信大学で非常勤講師を務める。

主な著作に『日本の10大新宗教』『葬式は、要らない』

『戒名は、自分で決める』『浄土真宗はなぜ日本でいちばん多いのか』

『なぜ八幡神社が日本でいちばん多いのか』

『もう親を捨てるしかない』『キリスト教の100聖人』（すべて幻冬舎新書）、

『性《セックス》と宗教』『帝国と宗教』（ともに講談社現代新書）等がある。

幻冬舎新書 724

日本の10大カルト

二〇二四年四月二十五日 第一刷発行

著者 島田裕巳

発行人 見城 徹

編集人 小木田順子

編集者 志儀保博

発行所 株式会社 幻冬舎

〒一五一－〇〇五一 東京都渋谷区千駄ヶ谷四－九－七

電話 〇三－五四一一－六二一一(編集)

〇三－五四一一－六二二二(営業)

公式HP https://www.gentosha.co.jp/

ブックデザイン 鈴木成一デザイン室

印刷・製本所 株式会社 光邦

検印廃止

Printed in Japan ISBN978-4-344-98726-5 C0295

し-5-15

*この本に関するご意見・ご感想は、左記アンケートフォームからお寄せください。

https://www.gentosha.co.jp/e/